我国社会热点事件与科学普及的互动关系研究

Study on Interactive Relationship Between the Popularization of Science and Hot Events in Contemporary China

张红方 著

知识产权出版社
全国百佳图书出版单位

图书在版编目（CIP）数据

我国社会热点事件与科学普及的互动关系研究／张红方著．—北京：知识产权出版社，2015.5

ISBN 978-7-5130-3496-8

Ⅰ.①我…　Ⅱ.①张…　Ⅲ.①社会问题—关系—科普工作—研究—中国　Ⅳ.①D669

中国版本图书馆CIP数据核字（2015）第106645号

责任编辑：李学军　　**责任出版：**刘译文

封面设计：刘　伟

我国社会热点事件与科学普及的互动关系研究

张红方　著

出版发行：	知识产权出版社有限责任公司	**网　　址：**	http://www.ipph.cn
社　　址：	北京市海淀区马甸南村1号	**邮　　编：**	100088
责编电话：	010-82000860转8559	**责编邮箱：**	752606025@qq.com
发行电话：	010-82000860转8101/8102	**发行传真：**	010-82000893/82005070/82000270
印　　刷：	北京科信印刷有限公司	**经　　销：**	各大网上书店、新华书店及相关专业书店
开　　本：	787mm×1092mm　1/16	**印　　张：**	12.5
版　　次：	2015年5月第1版	**印　　次：**	2015年5月第1次印刷
字　　数：	152千字	**定　　价：**	42.00元

ISBN 978-7-5130-3496-8

目录
CONTENTS

1 绪 论

1.1 研究背景及研究意义

1.1.1 研究背景

当今时代，科学技术已成为引领社会经济发展的主导力量，科普的重要性伴随着人类社会的发展日益凸显。世界各国无不将大力发展科普事业、提高公民科学素质作为提升本国综合国力的重要战略手段。我国科普事业，尤其是改革开放以来，在执政党及政府的高度重视下取得了举世瞩目的成绩。我国在 2002 年正式出台了《中华人民共和国科学技术普及法》，之后在 2005 年，国务院又出台《国家中长期科学和技术发展规划纲要（2006—2020）》，从“实施全民科学素质行动计划”、“加强国家科普能力建设”以及“建立科普事业的良性运行机制”等三个方面对我国科普各项工作进行了规划，提出了目标。这是我国政府首次将科普工作作为一项专门内容纳入国家中长期科技规划，对我国科普工作从科技发展战略的高度进行总体规划，势必对我国科普事业进一步发展产生重大而深远的影响，也为科普基础理论研究提供了时代契机。

社会热点事件与科学普及有着密不可分的内在关联。一些社会问题之所以成为社会热点事件，是与社会公众的科学素质分不开的。社会热点事件在相当大的程度上折射出公民科学素质。2007年初，国内相关媒体纷纷报道广东和海南等地香蕉被巴拿马病或SARS病毒大面积感染，接着又谣传人吃了被该病感染的香蕉会致癌。消息传播开后，两省香蕉的价格从每公斤3元下跌到3角，蕉农损失每天超过2000余万元。实际上，稍有科学常识的人都明白，所谓“巴拿马病”其实就是很常见的香蕉黄叶病，感染的是镰刀菌，该菌不能传染给人，至于SARS病毒更是无稽之谈。近期媒体关于乙烯利催熟香蕉有毒的报道，也引发海南香蕉价格大幅跳水。[1] 这些与科学普及相关的典型案例一方面说明社会公众掌握现代信息技术的手段和能力增强了，食品安全意识增强了，但另一方面也说明社会公众的科学素质并不全面，在某些领域的知识还存在严重缺陷，以至于制造一些不实并有害的谣言，“以讹传讹”，给社会和其他合法利益相关者带来了巨大损失。

科学素质是人全面发展的内在要求，公民具备一定的科学素质才能用科学的思维习惯、科学的方法处理个人和社会的问题，才能发挥运用科学技术提高生活质量和健康水平的潜力，为个人生存与发展提供社会保障。当前，提高公民科学素质的主要途径是科学技术的普及与推广。科学普及有着不可替代的社会功能。新修订的《科技进步法》（2007年版），从法律的角度再次明确提出：提高全体公民的科学文化素质关键在于大力发展科学技术知识普及，推进科学技术普及事业。2008年12月，在纪念科协成立50周年大会上，

---

[1] “海南香蕉价格暴跌，一村赔两亿专家称催熟蕉无害”，载http：//news.sohu.com/20110520/n308059411_1.shtml。

时任国家主席胡锦涛着重强调“普及科学技术，提高全民科学素质，既是激励科技创新、建设创新型国家的内在要求，也是营造创新环境、培育创新人才的基础工程，必须作为国家的长期任务和全社会的共同任务切实抓紧抓好，为科技进步和创新打下最深厚最持久的基础”[1]，认为科学普及有利于“推动形成讲科学、爱科学、学科学、用科学的良好社会风尚，帮助人们以科学思想观察问题、以科学态度看待问题、以科学方法处理问题，养成健康文明的生活方式和工作方式，保持健康向上的社会心态，促进人与自然和谐相处”。[2]在十七届五中全会上通过的《中共中央关于制定国民经济和社会发展第十二个五年规划的建议》也将“提高全民族科学素质”作为“十二五”经济社会发展的主要考核目标。由此，可以看出科学普及研究有着广泛空间，同时任务也异常艰巨。

当前，我国正处于国际上所谓的人均 GDP1000~3000 美元的“不协调因素活跃期”。根据中国科协调查结果的数据来看，中国公民具备基本科学素质的比例在 2010 年为 3.27%（其中，了解必要的科学知识的公民比例为 14.67%，掌握基本的科学方法的公民比例为 9.75%，崇尚科学精神的公民比例为 64.94%），仅相当于日本（1991 年为 3%）、加拿大（1989 年为 4%）和欧盟（1992 年为 5%）等主要发达国家和地区 20 世纪 80 年代末 90 年代初的水平，也就是说，差距至少有 20 年。[3]“公民科学素质不高，严重影响到我国经济

[1][2] 胡锦涛：在纪念科协成立 50 周年大会上讲话，2008 年 12 月 26 日。

[3] “科协正式发布第八次中国公民科学素质调查结果”，载 http://www.hljkjt.gov.cn/gnwkj/gnkj/201011/t20101126_177094.htm。

社会的发展，甚至威胁到社会的稳定”。[1] 正是由于社会公众科学素质普遍较低，以至于我国社会进入转型时期，社会冲突等不稳定因素日渐增多，一些社会热点事件领域广泛、影响深远，亟需引起重视。但是，从另一个角度来看，“针对一些与科学普及相关的社会热点焦点问题来开展科普工作，不失为一条重要而有效的途径”，“能起到事半功倍的效果”。[2]

从学术层面来看，目前国内学界以社会热点事件为视角，对科学普及进行的相关理论研究还不多见，科学普及与社会热点事件之间的互动关系，以及科学普及如何介入并运用社会热点事件创造性开展科学普及等一系列问题亟需从学理层面进行梳理和科学剖析。

综上所述，当前我国社会，一方面社会热点事件此起彼伏，日趋多见，另一方面公民科学素质仍处于一个较低水平的层次，这一矛盾迫使科学普及亟需创新工作方式方法，通过多种渠道、采取多种方式，以期扎实有效地开展科技教育、传播、普及等活动，帮助广大人民群众在了解必要的科技知识和掌握基本的科学方法的基础上，真正在思想意识深处树立起正确的科学思想，提高各项社会参

---

❶ 韩启德：“关于科学普及工作中的一些问题——韩启德在第十二届中国科协年会上的致辞”，载 http：//news. sohu. com/20110520/n308059411_1. shtml。

❷ 为此，韩启德专门举例作了说明：汶川、玉树地震和舟曲泥石流灾害之后，防震、救灾以及预防地质灾害方面的科普知识传播效果较好；2003 年的 SARS 疫情之后，公众对急性传染病防治方面的知识更加关心；张悟本事件后，大家对健康教育中的乱象体会就更加深刻；去年（2010 年——笔者注）日全食期间，学习天文知识成为热门。我想，如果我们科技工作者趁着前一段时期“山西疫苗事件”、“甲流”疫苗接种的机会，以及在最近全国儿童麻疹强化免疫期间，针对社会上不同观点的争论加强科普宣传，一定能使广大群众对疫苗预防传染病的科学认识得到更大提高；当前，在转基因食品方面争论十分激烈，公众普遍关心，这也是我们普及转基因等生物科学知识的机会；今年全球严重自然灾害频发，如果结合这些实际的例子来进行有关全球气候变化、生态环境保护、低碳发展等方面的科普教育，那就能起到事半功倍的效果。

与能力，最终推动人民群众综合素质普遍提升。这些都为本书的研究提供了理论背景，注入了研究动力。

1.1.2 研究意义

本书拟选取2007—2011年在我国境内发生的、与科普相关的社会热点事件为研究样本，采集翔实数据，综合运用文献分析法、演绎归纳法、案例分析法、数理统计法、充分论证社会热点事件与科学普及之间互动关系；运用主成分分析和数据包络分析方法，对采集的数据进行定量分析，以此对社会热点事件与科学普及之间的互动关系进行实证分析；在此基础上，深入探讨科学普及有效介入社会热点事件的路径选择，为相关决策部门进一步改进和完善科学普及提供有价值的参考建议。

其理论价值具体表现为：

第一，从社会热点事件视阈研究科学普及在国内并不多见，对社会热点事件与科学普及互动关系的研究，无疑有利于填补国内学界在该研究领域的空白与不足；

第二，科学普及任务艰巨，科学普及亟需创新，运用社会热点事件有利于开启科学普及创新之门，廓清社会热点事件与科学普及关系将为这种创新提供坚实的理论依据；

第三，力争构建一种以规范和引导社会热点事件在可控范围内有序发展为主要内容的新模式，借此进一步提高我国社会管理水平。

其现实意义具体表现为：

第一，有利于增强科学普及的水平和质量，提高科学普及的针对性和时效性，从而扩大科学普及的社会影响，引领我国科学普及的发展方向；

第二，有利于深化社会公众对科学普及工作的认识，拓宽科学普及渠道，创新科学普及方式，使科研和科普能够有机结合，营造全民参与科学普及的良好氛围，为全面提升国民科学素质奠定基础；

第三，有利于社会公众在进行理性分析和准确判断的基础上，正确对待和理性处理一些社会热点事件，共同维护社会经济秩序稳定，推动国民经济实现可持续性发展。

1.2 国内外相关研究综述

1.2.1 国外相关研究综述

鉴于本书对社会热点事件与科学普及两个范畴之间互动关系的研究，因此本章按照理论与实践两个部分进行研究现状述评。

1.2.1.1 与社会热点事件相关的科学普及理论

（1）与科学普及相关的基础研究

“科学普及”一词，英文有多种表达方式，如 popular science，science popularization，popularized science 等。在国外，科学普及的概念最早可追溯到 19 世纪 40 年代，Daniels. G. H（1968）指出，“正是在 19 世纪 40 年代，‘普及者’（popularizer）一词开始被反复使用”。[1] Burnham. J（1987）认为，“普及活动的蓬勃壮大以及 19 世纪 40 年代‘普及’一词的兴起反映了美国职业科学家的出现”。[2] Kett. J. F

---

[1] Daniels. G. H. *American Science in the Age of Jackson*, The University of Alabama Press, 1968, p. 40.

[2] Burnham. J. *How Superstition Won and Science Lost*, Rutgers University Press, 1987, p. 35.

（1994）也指出，“19 世纪 40~60 年代，科学并没有从技工协会的讲台上消失，它变换了形式，变得更加通俗（popular form）”。[1] 国外学界普遍认为，现代意义上科学普及的出现不是偶然的现象，它体现出科学的迅速发展，而科学发展走向专业化、职业化正是导致现代科普出现的直接原因。正如 Crosland. M（2001）指出，“随着专业化的进展，到 19 世纪中期，大多数的科学知识已经发展到超出一般大众所能理解的范围。在此情形下，一种新的职业正在开拓，那就是科学普及者（popularizer of science）和科学作家”。[2]“科学普及”（popular science）作为概念由此逐步确定下来。

初期的“科学普及”概念，在内涵上主要倾向于使公众能更通俗地接受科学技术及相关知识。J. Ziman（1976）在其一本著作中指出，科普是“为受过教育的阶层提供一系列普及的、实用的科学书籍，这些书不是用数学符号和技术术语写成，而是用通俗易懂的、意思明白的语言写成，用一般人能理解的事实和实验来表达”。[3] Burnham（1987）进一步指出，科学普及包括以下要素：一是“简化”，尤其是忽略数学和细节记忆；二是“翻译”，即科学普及工作者要用通俗的、非专业性的用语和概念来解释与科学家工作相关的想法。[4] 因此，从这个意义上讲，“科学普及”实质上是指面向公众的通俗化科学宣传。

---

[1] Kett. J. F. *The Pursit of Knowledge Under Difficulties*, Stanford University Press, 1994, p. 122.

[2] Crosland. M. Popular Science and the Arts: Challenges to Cultural Authority in France under the Second Empire, *British Journal of History of Science*, 2001, 34, p. 302.

[3] J. Ziman. *The Force of Knowledge*: *The Scientific Dimension of Society*, Cambridge University Press, 1976, p. 112.

[4] Burnham. J. *How Superstition Won and Science Lost*: Rutgers University Press, 1987, p. 46.

公众理解科学的概念流行于20世纪80年代，这标志着科学普及开始走向一个更成熟的阶段。理解科学普及概念的内涵，不得不涉及“公众理解科学”这一名词。作为科学普及领域的一个重要术语，公众理解科学既是科学普及工作及研究的主要目标，同时也是科学普及的内涵所在，以至于在一些重要学术场合，两个概念可以交替使用。20世纪80年代，公众理解科学一度成为科学普及的代名词。Royal Society of London（1985）推出鲍默的报告 The public understanding of science，首次强调了公众理解科学的重要性❶。James Conant（1992）认为，“科学的应用在我们日常生活中发挥着极为重要的作用，高技术性科技考虑在实质上深刻影响着公共政策制定。因此，对于那些身居权威和要害部门的人而言，对科学一定程度的理解有利于提高整个国家的福利”。❷ 紧接着《公众理解科学》在1992年创刊。英国参议院科学技术特别委员会（2002）发表了《科学与社会》的报告，提出在公众理解科学的基础上，反映出科技与社会的互动关系，进而从根本上使科学技术普及成为整个社会共同参与的事业。

公众理解科学作为概念既是科学普及发展的历史产物，同时也促使西方国家的科普工作者更加有意识地将社会热点事件与科学普及相结合。例如，美国生物学家 Rachel Carson（1962）在其著作 *Silent Spring* 中揭示了环境污染对生态广泛而深刻的影响，在社会公

---

❶ Royal Society of London. The Public Understanding of Science，1985，London：Royal Society

❷ James Conant. The Search for Logically Alien Thought Descartes，Kant，Frege，and the Tractatus，*Philosophical Topics*，1992：20（1）：115-180.

众中掀起了巨大反响。❶ 随后，Barry Commoner 在 1971 年组建科学家公共情报研究院（SIPI），并通过各种方式对美国人追求科学的方式进行严肃批评。❷ 与此相应，各类科学新闻媒体关注焦点也随之转向环境问题。随后的生态环境问题、三哩岛事件、博帕尔毒气泄漏事件、切尔诺贝利核电站事件等接踵而至，社会公众要求理解科学技术的呼声逐渐高涨。与此同时，科学家们也意识到了让公众理解科学、支持科学事业的重要性。从 20 世纪 80 年代后期开始，在英、美、澳等国兴起了一场被称为公众理解科学的科普运动。

近年来，突发公共事件的发生频率、影响范围和破坏程度都有不同程度的提高。德国社会学家 Ulrich Beck（1992）认为，现代人正生活在文明的火山口上，现代社会是一个"风险社会"，针对这样一个风险社会，社会公众在其中将发挥着一个"开放的上议院"所发挥的作用，以便把"我们希望怎样生存"这样一个生存标准作为科学参与应用到科学规划、科研成果及应对科技风险问题等方面。❸

（2）与科学素养相关的研究

在科学普及领域里，另一个重要且与社会热点事件相关的概念是科学素养。科学素养也叫"科学素质"，英文为"Scientific Literacy"，按其字面意思，主要是指在科学技术方面具备基本的读写能力。首次提出"Scientific Literacy"概念的是 Conant. J（1952），他在《科学中的普遍教育》一书中谈到普通公民应有的科学素养时，指出一个人的经验越广泛，其科学素养就越高。Hurd（1958）第一

❶ Rachel Carson. *Silent Spring*, Houghton, Mifflin, 1962.

❷ Barry Commoner. *The Closing Circle: Nature, Man, and Technology*, Knopf, 1971, p. 11.

❸ Ulrich Beck. *Risk Society: Toward a New Modernity*, Sage Publications, 1992, p. 46.

次使用“科学素养”来描述人们在社会实践中对科学的理解和应用。[1] M. O. Pella（1966）认为，科学素养应该包括：科学和社会的相互关系；了解科学家工作的伦理原则；科学的本质；科学和技术之间的差异；基本的科学概念；科学和人类的关系等六个方面的内容。[2] NSTA（1964）对科学素养的定义是基于描述性的，即有科学素养的人理应知道科学在社会中的作用，有鉴赏科学生存的文化条件的能力，知悉相关概念产生和发展的过程。有科学素养的人能较深入地洞察科学和社会的关系，对科学家的道德能进行有效的理解控制；较好地理解科学的本质，包括基本概念、科学和人文的相互关系。Aign（1974）认为，科学素养有六个议题，分别是：科学与社会；科学伦理；科学本质；科学概念；科学与技术；科学与人文。V. M. Showalter（1974）提出，科学素养应有以下七个“维度”：一是科学的本质；二是科学中的概念；三是科学过程；四是科学的价值；五是科学与社会；六是对科学的兴趣；七是与科学相联系的能力。随着科学素养的主张不断深入人心，科学素养的内涵不断被深化、细化，并成为科学课程实践和改革的指南。[3] 自 20 世纪 80 年代起，西方社会开始进入“科学素养”理念的实践期。Robert. E. Yager（1980）从科学、技术、社会的角度认为，科学、技术、社会本身都是科学素养的重要成分。[4] NSTA（1982）从实践层面提出科学素

---

[1] Hobart Hurd Willard. *Instrumental Methods of Analysis*, Van Nostrand, 1958：626.

[2] M. O. Pella. Concept Learning in Science, *The Science Teacher*, 33（1）, 31-34.

[3] VM Showalter. Two Cannabinoid Receptors Have Been Identified to Date, *Journal of Medicinal Chemistry*, 1974, Vol. 17, No. 4, 475.

[4] R. E. Yager. Status Study of Graduate Science Education in the United States, 1960-80. Final Report to the National Science Foundation, contract#79-sp-0698.

养是运用科学概念、过程技巧以及价值来作出负责任的日常决策。[1] J. Miller（1983）创造性地提出具有“三维模式”科学素养图谱，该图谱由三个维度组成：一是对科学原理和方法的理解；二是对关键科学术语和概念（即科学知识）的理解；三是对科技的社会影响的认知和理解。[2] 米勒这一模式图谱的构建主要出于两个方面的基础：一是对以前的理论研究和相关的测量、评价的科学总结；二是他自己多年来致力于科学政策制定过程中的公民科学素养问题研究。由于这个模式以一定的实证数据为基础，加之简洁明确，较好地抓住了科学素养的核心，因而在学术界得到较为普遍的认同。其公开发表的论文《科学素养：一个概念和经验的回顾》也顺理成章地被奉为科学素养研究的经典性文献。现在，包括我国在内的大多数国家公民科学素养的调查基本上都是按照米勒模型进行问卷设计。

科学素养自 20 世纪 80 年代中后期起开始，由目标层次转向教育政策。例如 1983 年，加拿大科学会出版了《科学素养：学校科学课程目标的平衡问题》；美国于 1985 年启动了“2061 计划”；以色列于 1986 年出版了《大众的科学和技术素养：对未来以色列教育的挑战》。

20 世纪 90 年代至今，科学素养进入理念深化期。此时的“科学素养”已超出科学教育本身，受到大众的关注。Nelson（2002）认为，科学素养由某些重要的科学事实、理论和科学思维习惯的练习、科学本质的理解、与数学和技术的联系，对个人以及它在社会中的作用等

---

[1] National Science Teachers Association. Science-Technology-Society：Science Education for the 1980s：NSTA Position Statement. Author，Washington. DC，1978.

[2] Jon D. Miller. Scientific Literacy：A Conceptual and Empirical Review. *Daedalus*，1983，112（2）：29-48.

内容组成。[1] Hua. L 等人（2005）在实证研究的基础上，提出了科学素养可操作的七个维度：科学的概念化知识；科学的方法论知识；科学的本质；科学在人类社会中的影响；科学与技术的不同；不同领域之间的相互关系；科学的美学方面。[2]

1.2.1.2 与社会热点事件相关的科学普及实践

与社会热点事件相关的科学普及实践主要散见于一些学者的论文中，大致与媒体、食品安全、生物技术、气候、学校教育以及公共决策等相关。

通过对大众媒介相关问题来论述科学普及。Sohail Agha（2001）认为，媒体宣传活动虽然不足以对某一个人的动机形成彻底影响，但是大众媒体正确的宣传可能会促使人们采取某一科学行为（如 Use the Female Condom in Tanzania）。[3] Abigail. C（2007）认为，新闻媒体报道存在习惯性的重叠，并且所作的戏剧性描述远远多于他们所作的研究。由于新闻媒体的倾向，公众更多地责备科学研究。[4] J. Timmons Roberts 和 Bradley. C（2009）指出，时间已经证明，大众媒体报道是影响科学和政策对话，以及影响公众理解和行动的一个关键因素；大众媒体具有广泛代表性的做法已经影响到科学和政策

---

[1] Nelson. Jim. What Is Science? *Science Teacher*, Mar 2002, 69 (3).

[2] Hua. L., Oliver. J. S., Jackson, D. F. and Tippins, D., A Technique for the Identification of an Operational Definition for Scientific Literacy, http://www.aber. ac.uk/mediahtml.

[3] Sohail Agha. The Impact of Mass Media Campaigns on Intentions to Use the Female Condom in Tanzania, *Ronan Van Rossem PSI Research Division Working* 2001. Paper No 44.

[4] Abigail. C. Saguy Rene Almeling, Fat in the Fire?, Science, the News Media, and the "Obesity Epidemic", *Sociological Forum*. 23: 1, 2007. pp. 53-83.

的互动及互动环境。[1] Mike. S. Schäfer（2009）指出，科学传播在近几十年发生了巨大的变化，科学不仅仅通过大众媒体进行传播，受众也不再被动地接受媒体传播的科学知识，而是出现了“媒体化”（medialized）的趋势，这种趋势使媒体在报道科学呈现三个方面的特征：① 范围广，科学在大众媒体上更加多次、大量地出现；② 普及性，媒体关于科学的报道在内容和形式上更加多元；③ 争议性，媒体关于科学的报道争议明显增加。[2]

Dominique Brossard（2009）抛出了一个有意义的疑问：什么是大众媒体在科学争论中的作用?[3] 他通过分析媒体在“水的记忆”（water with memory）这一科学争议中所扮演的角色，敏锐地指出在科学争论中，大众媒体可以有效发挥极其关键的作用。同时，不能孤立分析大众媒体在科学普及过程中的作用，应该意识到大众媒体和科学刊物在科学争论中的作用是相互的。

通过对食品安全相关问题来论述科学普及。Alison Shaw（2002）曾写过一篇关于公众对食物风险的理解方面的定性研究报告。[4] 该报告重点在于说明英国对于转基因（GM）食品的理解，并在一定范围内进行了实地调查和实证研究，其采集的数据包括：变“技术”为科学知识，知识与接受基因改造的关系，科学知识的不确定性（如

---

[1] J. Timmons Roberts and Bradley C. Parks, Ecologically Unequal Exchange, Ecological Debt, and Climate Justice: The History and Implications of Three Related Ideas for a New Social Movement, *International Journal of Com-parative Sociology*, Vol. 50, 2009: 386-409.

[2] Mike. S. Schäfer. From Public Understanding to Public Engagement: An Empirical Assessment of Changes in Science Coverage, *Science Communication*, 2009 30: 475.

[3] Dominique Brossard. Media, Scientific Journals and Science Communication: Examining the Construction of Scientific Controversies, *Public Understanding of Science*, 2009. 18: 258.

[4] Alison Shaw. "It Just Goes against the Grain." Public Understandings of Genetically Modified (GM) Food in the UK, *Public Understanding of Science*, 2002 . 11: 273.

不适当的"自然"带来的不确定性，如对动物和人类的基因改造、应用转基因技术的接受科学干预、科学创新的适当界限、对转基因食品风险的不确定性)，如何避免风险宿命论和信任"专家"的必要性，以及管理转基因食品的潜在风险。该文认为，公众对于一种转基因食品的了解程度有利于加深对科学技术认识的提高，对相关的公共政策影响作用同样突出。

通过气候变化来论述科学普及。Anabela Carvalho（2007）指出，天气异常变化与人们的生活息息相关，新闻媒体报道有关天气异常变化的新闻时，不仅要报道气候变化的事实，而且还要报道与之相关的科学分析，并建议对这样的报道应该以立法的形式予以确定。这样同时有利于政府部门和公众更好地理解有关天气变化方面的科学知识。[1] Ulrika Olausson（2009）认为，气候问题的全球化，对各国公民科学素养程度不同的现实将是一个前所未有的巨大挑战。[2] Caren. B. Cooper（2011）通过分析美国大众对气候变化科学的接受状况（improving public acceptance of climate change science）指出，只有当公众对相关的科学充分信任并理解时，政府公共政策的制定和执行才能够达到更好的效果。[3] 因此，科学家和科普教育者不仅需要考虑自己的话语方式和信任水平，也需要具备相应的媒体素养，树立成熟的媒介意识。通过使用的媒介类型和传播量的大小的控制，使受众能更好地接受科学信息。例如，对 Facebook 和 Youtube 等新

---

[1] Anabela Carvalho. News on Climate Change Ideological Cultures and Media Discourses on Scientific Knowledge: Re-reading, *Public Understanding of Science*, 2007. 16: 223.

[2] Ulrika Olausson. Global Warming—global Responsibility? Media Frames of Collective Action and Scientific Certainty, *Public Understanding of Science*, 2009. 18: 421. .

[3] Caren. B. Cooper. Media Literacy as a Key Strategy toward Improving Public Acceptance of Climate Change Science, *Bioscience*, 2011 (3).

型媒体的传播促进公众参与科学，甚至能通过全民广泛的参与来解决全球性问题。

在公共政策方面，Heather Dietrich 和 Renato Schibeci（2003）认为，在公共政策的制定过程中，各国决策部门往往习惯性地把公众摆在一个被动的位置上，正是这种错误的政策导向，使很多科技政策不被公众所信任和接受。❶ 以基因技术为例，只有当政策制定者意识到公众在科学技术上存在主动性与参与性，才能使基因技术的推广得到深层次接受，因而避免出现对这一问题两极化的争论和观点。因此，需要提升公众在科技活动中的参与度。Borsen Hansen（2006）指出，科学的伦理问题有三个互动层次：一个规范的水平和科学的道德原则的设立、讨论和合理化；青年科学家应该被鼓励来尊重和遵守基本的道德原则和科学的责任，换句话说，未来一代的科学家们必须学会尊重所谓的基本道德原则和科学的责任。❷

P. N. Mwale（2008）认为，科学和技术的民主化是更广泛的社会对科学和技术的控制。❸ 科学技术必须控制在社会的大多数人手上，因为邪恶的人可以用它来对人们或其他社会群体造成伤害。此外，某些不法的商业实体能够与国家或功能强大的集团勾结。因此公众对科学和技术的理解具有重要性。

Anders Hansen（2011）也强调通过一些社会热点事件将公众、

---

❶ Heather Dietrich and Renato Schibeci. Beyond Public Perceptions of Gene Technology: Community Participation in Public Policy in Australia. *Public Understand of Science.*, 2003. 12: 381-401.

❷ Borsen Hansen. Academic and Social Responsibility of Scientists, *ISYP Journal on Science and World Affairs*, Vol. 2, No. 2, 2006: 71-92.

❸ P. N. Mwale. Democratization of Science and Biotechnological Development: Public Debatev on GM Maize in South Africa, *Africa Development*, 2008: Vol. 33, No. 2.

媒体、科学以及政府决策有机结合具有重要意义，尤其是在关于环境问题方面，媒体有责任将一些科学方面的信息正确传递给公众，这样才能更好地提高公众科学素质以及参政能力，引导公众更好地参与政府部门的相关决策[1]。

Joanna Gamble 和 Elsa Kassardjian（2008）曾通过对一个实验的分析来测量不同社区团体对生物技术传播的态度。[2] 实验将研究对象分成科学家、佛教徒、商界人士、儿童和年轻妈妈五个小组，对其从健康和家庭/社会福利，维护/保护环境（如动物的福利、生命的神圣）等进行道德方面考量，结果发现，商务人士更容易坚持“protectionisms”，对生物技术给予更多的承认；科学家们比一般公众更相信科学具有可预见性和可控性，其他小组则要么对生物技术的传播不太关心，要么就是反应更为强烈。最后他们指出，这种结果表明科学家及普通民众在科学认知层面存在较大差距，这种差距意味着科学技术的传播与交流尚不充分。

此外，国外普遍重视校园的科学教育，将科学教育纳入学校日常教学计划中。从 Bonney. R and La Branche. M（2004），Brossard. D、Lewenstein. B、Bonney. R（2005），Ballard .H、Pilz .D、Jones. E. T、Getz. C（2005），Cooper. C. B、Dickinson. J、Phillips. T、Bonney. R（2007），Bonney. R 等（2009）等人的研究可看出，国外对公民科学教育非常重视，认为公民科学（citizen science）是在进行的项目或科研

---

[1] Anders Hansen. Communication, Media and Environment: Towards Reconnecting Research on the Production, Content and Social Implications of Environmental: Communication, *International Communication Gazette* 2011: 73.

[2] Joanna Gamble and Elsa Kassardjian. The Use of Selected Community Groups to Elicit and Understand the Values Underlying Attitudes towards Biotechnology, *Public Understanding of Science*, 2008: 17: 245.

工作中，邀请没有进行过具体科学训练的个人作为义工来参与其中。通过公众参与，不仅使科学家能够更加灵活地完成研究，也能帮助公众了解科学知识，目前学界将其称为“公众参与研究”（public participation in scientific research）研究的任务。[1] 这是一种普及科学和科学教育的方法，通常在中学和小学中进行。公民科学随着科学研究范围不断扩大，在帮助研究者获取科技信息时发挥了越来越重要的作用。

此外，国外一些著名的科学家也非常重视科普工作，在许多方面更是亲历亲为。例如，美国著名的科学家，如爱得华·威尔逊、斯蒂芬·杰·古尔德和卡尔·萨根等，都以向公众普及科学为己任，与此同时他们也是优秀科普作家，著有大量的科普作品。卡尔·萨根的两部科普著作《宇宙》和《一个新机器的灵魂》更是成为全美1980年度的畅销书籍之一。科学家们深层次的参与使国外科普活动得以有效开展，并形成良好的科普氛围。

1.2.1.3 国外研究述评

综上所述，自20世纪90年代以来，国外科学普及工作最为鲜明的特点是科普工作越来越世俗化，较好地融入社会，社会关注度明显提升。各国对科学技术的普及作出了一些实际而卓有成效的研究，也取得了明显成果。对科学普及理论的实践运用主要表现为：

第一，科学普及工作开始成为政府重要的战略目标内容之一，

---

[1] Ballard. H.，Pilz. D，Jones. E. T.，Getz. C. Training Curriculum for Scientists and Managers：Broadening Participation in Biological Monitoring. *Institute for Culture and Ecology*，2005；Bonney. Rand La Branche. M，Citizen Science：Involving the Public in Research，*ASTC Dimensions*，2004：13；Brossard. D、Lewenstein. B、Bonne. R，Scientific Knowledge and Attitude Change：The Impact of a Citizen Science Project. *International Journal of Science Education*. 2005：27（9）.

政府牵头制定国家科学技术普及标准已成为政府重要职责。在美国，克林顿总统推出美国首个《国家科学教育标准》和《国家技术教育标准》；英国于 1993 年首次把提高公众科学素养作为国家战略目标写进白皮书中。同时，各国积极推进科学技术普及的立法，在美国国会制定的《博物馆法》中，明确指出政府在建设资金、活动经费、税收等方面给予博物馆支持是其应履行的职责。

第二，科学普及队伍职业化程度不断提升，具有较高专业素养的科学技术普及工作者层出不穷，并形成一支重要的生力军。

第三，科学普及同时衍生出休闲娱乐功能，并日益彰显。例如，在日本经济结构中，电子游戏业贡献额度达 20%，俨然成为日本的第一大支柱并有着较强生机的产业。

第四，科学家与公众互动、对话进入实质性阶段。值得一提的是，2003 年德国科学团体签署“科学对话——公众理解科学与人文”备忘录，该备忘录的签署在德国掀起了科学技术普及热潮。此外，美国制定的“2061 计划”以及公开发表的《面向个体美国人的科学》、英国发表的《实现我们的潜力》科技白皮书与《科学与社会》、2000 年日本发起的“增进国民对科学技术的理解”等运动也颇具代表性。

对科学普及具体实践研究则呈现出以下三方面的特点：

一是国外普遍重视大众传媒在普及科学过程中发生的作用，在媒介、传播者、受众三方面都有了相当系统和成熟的研究。从传播媒介来看，西方的研究表明，大众传媒在科学普及上发挥着十分关键的作用。对于大众传媒这一科学与公众的桥梁应当发挥怎样的作用，发挥作用的方式都进行了深入的研究。从传播者来看，研究了科学的普及者（popularizer）在大众传播科学的这一过程中应当如何使自己的信息准确而又广泛地传递给公众。从受众来看，把公众（public）视为积极的影响主体，并以之为基础分析社会问题如何才能更好地为公众所接受。

二是重视对公民的科学素养教育，特别是青少年科学素养教育的研究。近几年的文献表明，西方对提升公民科学素养的方法和模式的探索都相当深入。可见，对科学素养教育的重视，是西方公民科学素养普遍较高的重要原因。

三是凸显从公众理解科学到公众参与科学的过程研究。西方公众的科学素养普遍较高，因此，西方已经进入通过公众参与科学研究来普及科学的阶段，让公众通过参与科学，来了解和接受科学，从而更好地理解相关公共政策。西方主要发达国家已意识到公众参与对科学研究和科学普及的巨大作用和潜力，在教育领域、科学实验过程中有意识地引导公众参与其中。这实际上体现的是一种公众主动的意识与精神。

总的来说，西方对科学普及领域的研究十分全面，对整个科学普及过程的主体、过程、方法、社会的功能作用都进行了十分深入的挖掘。但是，对社会热点事件与科学普及之间互动关系的理论研究则相对较少。

1.2.2 国内相关研究综述

1.2.2.1 与社会热点事件相关的科学普及理论

（1）多维视角下的科学普及

《科学技术普及概论》编写组（2002）认为，科普的概念是随着科学技术的发展和人们科普实践的深入而动态发展的，是一个与时俱进的概念。当前科普具有以下几种有代表性的观点：一是法律上的概念；二是倚重于传播学的概念；三是系统论角度的概念；四是词义角度的概念等。编写组认为，科普是一种复杂的社会现象，它既含有目的、内容、制度、方法等许多的因素，又具有青少年科普、领导干部科普、农村科普、城市科普等不同对象和层次，是一个多因素、多层次的整体系统，因素和层次之间互相联系。因此，可以暂时抛去概念之争，只需牢牢把握构成科普的最基本要素，即科普授者、科普受众、科普内容、科普方式。❶

受这个观点启发，中国科普理论研究进入一个多维视角下的科普研究。吴秀粼（2003）指出，封建迷信近些年又有所抬头，此起彼伏的伪科学、反科学事件，严重破坏了社会主义物质和精神两个文明的建设，❷ 有效扼制这一现象的主要措施就是加强科普工作。加强以提高国民素质为宗旨的科学普及，理应成为我国现代化建设项目中的一项长期战略性工程。何郁冰（2004）从系统论的角度对科学传播系统进行了解构分析，认为现代科学传播系统由科学传播主体、中介、客体、目的四个基本要素组成，并在此基础上形成科学传播系统的类型和层次。❸

曾国屏（2006）从国家创新系统的视角探讨了科学传播与普及，对知识传播本性、知识传播机制、知识传播与全民科学素质建设等

---

❶ 《科学技术普及概论》编写组编：《科学技术普及概论》，科学普及出版社 2002 年版，第 10 页。

❷ 吴秀粼："加强科普工作是反对封建迷信的战略性工程"，载《中共福建省委党校学报》2003 年第 12 期。

❸ 何郁冰："从系统论的角度论科学传播"，载《系统辩证学学报》2004 年第 3 期。

问题进行了探讨[1]。李大光（2006）就“公众理解科学”概念引入中国以来的研究进行了概述，并就公众科学素养调查进行了探讨。[2]其最主要的贡献在于对现行的调查指标进行重新审视，提出了建立适合中国社会现实的指标体系和调查方法，强调对定性和定量相结合的研究方法给予必要的关注。季国清（2006）指出，全民科学素质提高要靠科普先行，我国完全可以借鉴发达国家科普工作的先进经验来提高我国的科普水平。[3]

吴雪娟（2003）认为，文化环境对公众理解科学工作具有积极和消极二重性。[4] 黄可心（2003）指出，媒介传播对科学普及有极大的影响，认为现代传媒的发展速度已大大超过了以往任何一种传媒形式，并且这些传媒也承担着更多更有效的科普责任。[5] 侯强、刘兵（2003）则认为，媒介技术的改进、媒介自身独立性的增强使科学普及越来越受到媒介力量的牵制，并影响到科学普及的进程，亟需加强这方面的研究。[6]

王洪贤等（2007）从伦理学视角探讨了科学普及的问题，提出科学传播伦理的道德责任问题，要求加大在科学家、传媒、受众和政府之间的道德伦理问题方面的研究[7]。马桂英（2007）分析了我

---

[1] 曾国屏：“国家创新系统视野中的科学传播与普及”，载《科普研究》2006 年第 1 期。

[2] 李大光：“‘公众理解科学’进入中国 15 年回顾与思考”，载《科普研究》2006 年第 1 期。

[3] 季国清：“东西方国家在科学普及上的差异”，载《自然辩证法研究》2006 年第 12 期。

[4] 吴雪娟：“论科学宣传与文化建设的协同”，载《广西社会科学》2003 年第 6 期。

[5] 黄可心：“论现代传媒对科学传播的影响”，载《情报科学》2003 年第 4 期。

[6] 侯强、刘兵：“科学传播的媒体转向”，载《科学对社会的影响》2003 年第 4 期。

[7] 王洪贤、钱伟量、李东松：“浅议科学传播伦理的两个问题”，载《科协论坛》2007 年第 7 期。

国流动人口、妇女、残疾人、农村人口、贫困人群等科普边缘群体的状况和成因，指出科普边缘群体低层次的科学素养和知识习得暴露了严重的科普公正问题，指出政府和社会在国家科普政策和关注重心、科普资源分配、具体的科普实践和科普实效三方面缺乏或者难以实现科普公正❶。朱效民（2006）针对科学家的科普角色转变问题进行了研究❷。

（2）与科学素养相关的实地调查

公众科学素养是反映公众科学文化素质的关键指标，是科学知识与技能的了解、科学方法与能力的掌握、科学行为与习惯的养成，以及与之密切相关的科学精神、科学态度和价值观的综合体现。如果以同心圆结构来剖析，公众科学素养的内核是科学精神、科学态度、价值观，中间层包括科学知识与技能、科学方法与能力，最外层是科学行为与习惯。目前，公众科学素养不存在适用于所有国家公众的统一标准。由于各国政治经济、科技文化、教育体制、教育思想、社会制度、宗教信仰等方面的差异，使用同样的科学技术传播方式、采用同样的科学技术内容是不可能的。因此也不可能设计一种适用于所有国家公众科学素养教育的模式。我国也要结合自身实际情况，并且随着时代的发展变化，对科学素养的基本标准作出相应调整和发展。

基于此，张晓芳（2003）对 Miller 不同时期的几篇重要论文进行了系统分析，论述了 Miller 构建在热心公众理论基础上的科学素

---

❶ 马桂英："我国边缘群体科普公正问题研究"，载《科普研究》2007 年第 5 期。

❷ 朱效民："试论科学家科普角色的转变及其评估"，载《自然辩证法研究》2006 年第 12 期。

养概念以及测量公众科学素养的理论和实践。❶ 魏冰（2003）梳理了科学素养发展的历史。❷ 张红霞（2002）通过对美国科学素养定义的本土化诠释以及对我国目前科学素养方面存在问题的分析，提出科学素养教育应该成为我国素质教育的切入点和主要内容。❸ 赖小琴（2007）描述了科学素养结构几种不同模型，阐明了科学素养变化的等级。❹ 程东红（2007）认为，对公众科学素养的研究必须与老百姓生存与发展最为密切相关的内容相结合，只有这样才能把广大劳动者对于自身科学素养最迫切的需求表达出来。❺

受国际上公民科学素质调查热潮的影响，我国也多次组织了全国公民科学素质调查，分别是 1992 年、1994 年、1996 年、2001 年、2003 年、2005 年、2007 年、2010 年。近年来，各省市也根据实际情况开展了公民科学素质调查，如浙江、福建、江苏、辽宁、上海、湖北等。在这些调查数据的基础上，科普研究者逐渐将研究重点转向对调查结果的分析。何薇（2004）对中国公众科学素质调查结果进行了回顾分析，并对公众获取科学技术信息的渠道以及我国公众对科普的态度和看法作了深入探讨。❻ 宋悦华（2007）认为，我国公众科学素质调查存在如下问题：对公众科学素养调查研究意义的认识存在偏

---

❶ 张晓芳：“论 Miller 的 PUS 研究思路：热心公众理论—科学素养概念—公众科学素养测量”，载《科学学与科学技术管理》2003 年第 11 期。

❷ 魏冰：“西方科学素养理论的形成与发展”，载《外国中小学教育》2003 年第 6 期。

❸ 张红霞：“科学素养教育的意义及本土化诠释”，载《清华大学教育研究》2002 年第 4 期。

❹ 赖小琴：“科学素养的结构模型和变化等级及其实证研究”，载《广西教育学院学报》2007 年第 6 期。

❺ 程东红：“关于科学素质概念的几点讨论”，载《科普研究》2007 年第 3 期。

❻ 何薇：“中国公众科学素养调查结果回顾”，载《民主与科学》2004 年第 5 期。

差；本土化研究不够；研究主体单一；密度值得商榷等。[1]

此外，近期科普研究者在调研数据的基础上，对特殊人群的科学素质进行了专项研究。例如，王继水（2005）、沈昉（2005）、孙海滨（2005）重点对提高学生素质进行专项研究。顾万建（2006）、马昊（2007）对提高农民尤其是西部地区农民的科学素质进行专项研究。孔繁娟（2005）、程萍（2007）对提高公务员科学素质作了专项研究。

1.2.2.2 与社会热点事件相关的科普实践

（1）相关文献结构分析

从已收集到的文献来看，近年来，尤其是2007年以来，社会热点事件与科学普及交叉研究方面的文献资料并不多。在中国学术期刊网输入关键词“科普”，与之相关的文献多达4615条，但真正与社会热点事件相关的科普文献并不多，除去一些新闻稿件外，真正有学术价值的文献资料数量在35篇左右。

按照时间段来划分，2007年共4篇，2008年共10篇，2009年共3篇，2010年共15篇，2011年共3篇（见表1-1）。数据反映出2008年与2010年发生的与科普相关的社会热点焦点事件较多，而且影响较大，尤其是地震、食品安全等方面。

表1-1　2007—2011年文献数量统计表

时间	2007	2008	2009	2010	2011
数量（单位：篇）	3	10	4	15	3

[1] 宋悦华：“我国公众科学素养调查研究存在的问题和解决途径”，载《理论与改革》2007年第3期。

按照社会热点事件性质来分，属于积极方面的社会热点事件共10篇，消极方面的有15篇，综合类的有10篇（见表1-2）。

表1-2 2007—2011年文献类别统计表

类别	积极性	消极性	综合类
数量（单位：篇）	10	15	10

按照发表的刊物种类来分，科普专业期刊13篇（除《科普研究》外，还包括《科技传播》、《中国科技信息》），学术类期刊5篇（主要包括《农业科技管理》、《自然辩证法研究》、《湖南大学学报》等），其他综合类期刊14篇，硕士论文3篇（见表1-3）。

表1-3 2007—2009年文献发表期刊类别统计表

期刊类别	科普专业类	学术类	综合类	硕士论文
数量（单位：篇）	13	5	14	3

（2）基础理论方面研究的分析

第一，交叉研究意义。近年来，尤其是2007年以来，国内学界普遍认为，将社会热点事件与科学普及进行交叉研究至少在以下两个方面具有重要意义。

一是体现鲜明时代性。从收集的文献内容来看，国内学者认为结合社会热点事件开展科普工作体现了时代性。朱效民（2008）认为，如何方便和有效地协助公众获取所需要的科学知识应是当代科普的重点，以往要求公众自觉掌握更多的科学知识的思路与工作方式理应抛弃。因此，结合当前社会中有关科学技术的社会热点事件进行科学普及，有利于真正使科普工作做到以公众为中心，科普真正融入公众日常生活中并成为其中的一分子。❶ 居云峰（2010）认为，当代科普应该扣紧时代性，贴近社会、贴近实际、贴近生活、贴近群众，关注社会热点事件，从而更好地让科学为人民谋福利❷。宋新元等（2010）认为，民众对转基因生物的理性认识与接受程度是转基因生物产业顺利发展的重要基础与保障，因此作为转基因生物风险交流的重要组成部分，科普理应上升到国家战略层面的高度。❸

二是具备宏观指导性。近些年来，几乎每一件大事和社会热点事件，如 SARS、“神五”飞天、禽流感防控、青藏铁路开通、华源“欣弗”、“福寿螺”、“苏丹红”红心鸭蛋、“多宝鱼”等，都伴随着科学普及的广泛开展与推进。在这些与社会热点事件相关的科普活动中，社会各界参与热情高涨，客观上促进了科学普及与社会热点事件的有机结合。因此，一些学者认为，结合社会热点事件进行科普有利于我国科普工作转型，对于现代科普工作的推进具有很强的宏观指导性。高峡（2007）认为，我国当前应该重视转型期科普的研究，推动科普实现自在状态向自觉状态的成功转型，实现社会“边缘”向社会“基础性工作”的质变。之所以重视转型期科普的研究，与一些社会热点事件的频繁出现紧密相关。❹ 黄永明（2008）指出，某些公共事件一方面给公众的生活带来了极大痛苦；但另一

❶ 朱效民：“30 年来的中国科普政策与科普研究”，载《中国科技论坛》2008 年第 12 期。

❷ 居云峰：“中国科普的六个新理念”，载《科普研究》2010 年第 1 期。

❸ 宋新元等：“关于我国开展转基因生物科普工作的思考”，载《农业科技管理》2010 年第 12 期。

❹ 高峡：“以科学思想、科学精神统领科学素质建设”，载《科普研究》2007 年第 3 期。

方面，它们也可能转化为科普工作的契机，把握契机有利于让公众从中获取相关科学知识与领悟科学精神。杨尚鸿（2010）认为，21世纪的中国，必须用“科学传播”概念对传统的科普观念及工作模式进行全盘改造，这已成为不可逆转的显著趋势，并认为“2009国际天文年日全食多路联合直播”更为重要的价值在于其有效地开启了我国科普事业中亟需确立的公共科学传播模式，标志着我国科学传播正式步入公共科学传播的新阶段。[1]

第二，交叉研究概念的提出。由于社会热点事件种类及特征不同，因此对科学普及的影响也大相径庭，因此在这个基础上，一些学者甚至尝试提出公共事件科普与应急科普等相关概念。最为典型的是谢莉娇（2010）通过对2008年中国十大科普事件的分析，明确界定应急科普和公共事件科普这一对概念，并指出公共事件科普的主要方式有展览、专家讲座、技能培训、媒体报道、体验式演习等。[2] 此外，朱登科（2010）认为，应急科普就是针对突发事件，根据公众关注的热点问题所开展的科普。他以人民网、新浪网对汶川地震、甲型H1N1流感相关专题报道为例，结合“应急科普”概念，对网络媒体应急科普在应对突发公共事件中所起的功能作用进行了深入分析。[3]

第三，研究领域的聚焦。在科普进入转型的新阶段，国内学界一些有识之士提出应对一些领域给予特别关注。袁长江（2008）提

❶ 杨尚鸿：“我国公共科学传播理论与实践初探——以2009国际天文年日全食多路联合直播为例”，载《人文杂志》2010年第1期。

❷ 谢莉娇：“‘公共事件科普’的提出及其形成机理分析”，载《科普研究》2010年第1期。

❸ 朱登科：“突发公共事件中网络媒体应急科普的作用分析——以人民网、新浪网对汶川地震、甲型H1N1流感相关报道为例”，载《科技传播》2010年第2期。

出，要加强青少年的科普教育。他认为，重大突发事件对儿童及青少年身心健康存在着潜在的危害，及时有效地帮助他们学习和掌握相关知识，对改进其不良行为、提高防病意识都有着十分重要的意义。[1] 任福君（2010）认为要加强农村科普工作。他的《从〈股份农民〉看科普方式的创新》尽管是一篇书评，但其间却充分展现了新时期结合“三农问题”开展科学普及所取得的成就以及存在的困难。书评中多次提到“农村这个阵地，科学思想不去占领，必然会被一些愚昧无知的思想所占领”，充分显示农村科普工作的重要性和迫切性。[2]

（3）具体实践方面研究的分析

近年来，尤其是2007年以来，国内文献对社会热点事件与科学普及在实践方面的交叉研究主要集中在以下四个方面。

一是指出交叉研究不足的危害性及对策。客观上来看，目前我国结合社会热点事件进行科普仍存在明显不足，因而对社会造成一些负面影响。徐振兴（2010）指出，随着科学与社会的发展，社会突发事件的增多，科学与公众之间的距离越来越远，当前的科普工作实际上难以独当弥补科学与公众之间鸿沟的大任。[3] 在这种情形下，加强科学工作者、媒体、政府相关部门的合作就显得更为重要。这些不足主要表现为一些“伪科学”事件的此消彼长。陈正洪（2008）结合2001年前后国内发生的关于“核酸研究”的争论，对

[1] 袁长江等：“重大突发事件后两份儿童青少年科普知识宣传画页应急编创理念剖析”，载《科普研究》2008年第5期。

[2] 任福君：“从《股份农民》看科普方式的创新”，载《科普研究》2010年第1期。

[3] 徐振兴：“科学与公众的分离研究”，载《湖南大学学报》（社会科学版）2010年第4期。

"诈科学"、"伪科学"、"反科学"进行辨析，认为"诈科学"有其科学成分，尽管不同于"伪科学"、"反科学"，但对正常的科学普及和科普伦理危害很大。其危害表现在三个方面：不利于民众科学精神的培养；侵蚀科学普及根基；阻碍青少年正常人格的塑型。[1] 昌晓红（2011）结合2010年发生的一系列"伪养生"事件，从科学传播的角度，分析医学科普的现状、存在问题，以及对社会造成的诸多负面影响。[2] 李福鹏、姜萍（2009）以"蕉癌"事件为例，对科学家在科学传播中缺席的原因进行深入分析和探讨，继而提出构建科学家参与科学传播的若干可行性思路，以适应当代科学传播发展的需要。[3] 他们认为，透过这一热点焦点事件可以反映出在我国科学普及过程中，存在着"科学人"退出科学传播阵地、科学家对从事科学传播重要性的认识严重缺乏、对科学家从事科学传播所作贡献的激励考核措施不科学、传媒界与科学界的沟通和互动存在缺陷等重大问题，亟需研究并加以解决。该文尽管主要是讨论科学家在科学传播中的作用，但是从另一个角度来看，该文为从社会热点事件视阈研究科学普及提供了很好的借鉴。张晶晶（2010）针对食品行业中的啤酒厂家嘉禾啤酒以传播专业的、科学的健康知识为噱头进行社区营销宣传的个案研究，指出消费品、生物技术等领域的研究成果的产出和科学知识与理论的深层次发展，在带给人们貌似极大的健康和便利的同时还会在一定程度上带给人们一些"副作用"，甚

---

[1] 陈正洪："'诈科学'对科学普及的危害"，载《科普研究》2008年第5期。

[2] 昌晓红："从'伪养生'现象看科学传播与医学科普"，载《科普研究》2011年第2期。

[3] 李福鹏、姜萍："科学传播中科学家缺席的原因探析——以'蕉癌'事件为例"，载《自然辩证法研究》2009年第6期。

至干扰或危害人们的正常生活及身体健康。❶

针对这些负面影响，张立强（2010）结合“张悟本事件”对公众健康知识的普及现状进行了深刻反思，事件一方面反映了公众对健康的需求，另一方面也证实了公众健康知识的缺乏，需要大力加强卫生科普。❷ 昌晓红（2011）提出，医学科普应由医学专业人士通过科学的方法和技巧进行，同时也指出政府支持是医学知识传播的组织保障，大众媒体是医学知识科学传播的重要途径。刘滢（2011）强调了民间科普组织的作用，指出在应对公共突发事件时，应积极发挥民间组织的作用，力争将民间智慧为我所用，并提出具体对策：善于倾听民间科普专家的声音、借鉴科学松鼠会的科普文章写作方式、甄别并转发民间科普专家的文章、邀请民间科普专家组织在线访谈、开设博客等。❸

二是凸显传媒纽带功能。国内学界普遍认为，将社会热点事件与科学普及联系起来的重要纽带是传媒，各种传媒对二者之间的交叉研究起着重要作用，因此，国内学者对传媒的论述较多。河北省科技厅课题组（2007）专门针对社会热点事件中的科普探讨了大众传媒对科普的促进性和制约性，尤其是制约性方面论述得较为系统，其认为制约主要表现在：媒体追求利益的最大化阻碍科学的传播；科普内容枯燥、价值不高，易形成无效传播；媒体传播科学中存在着误导（不科学导向）现象。针对存在的这些问题，该课题组不仅

---

❶ 张晶晶：“食品营销环节中的科学传播研究——以2009年石家庄嘉禾啤酒的营销活动为例”，河北大学2010年硕士学位论文。

❷ 张立强：“‘张悟本事件’反思”，载《视点》2010年第8期。

❸ 刘滢：“他们是怎样‘粉碎’核辐射谣言的？——民间科普组织‘科学松鼠会’的启示”，载《中国记者》2011年第4期。

强调要构建媒体职业道德体系和注重报道形式的创新，而且要有意识地培养专业的科技记者队伍。[1] 颜美群（2008）以“甲型 H1N1 流感”、“非典”等事件为例，对突发公共卫生事件中科技新闻传播的角色功能进行了系统研究。[2] 侯蓉英、呼东燕（2008）以央视科普节目作为研究对象，采用内容分析方法对“5·12”汶川大地震的灾难系列科普专题进行内容分析。[3] 通过研究发现，目前我国的电视防灾科普节目倾向于灾难救助科普，缺乏灾前防御与灾后重建的科学普及；语境上较为注重专家的学术阐释，群体化的科普语境还略显薄弱；传播方式上偏于科学知识的普及，未能建立大众参与的科普机制。苏冰、史玉民（2008）针对我国网络迅猛发展的态势，提出优化我国网络科普发展的对策：注重参与性和互动性；内容应具原创性与科学性；表现形式的多样性与趣味性；科普网站应特色鲜明。[4] 戚振扬（2010）通过对 2009 年 4 月在全球爆发的甲型 H1N1 流感案例研究，指出作为科技传播的重要途径，科技新闻在突发公共事件中发挥了无可替代的作用，从科技新闻传播的角度切入对突发公共事件报道的研究，有利于科学报道和大众媒介在突发公共事件的处理中发挥更积极的作用。[5] 黄晓慧、詹琰（2010）通过对科

---

[1] 河北省科技厅课题组：“大众传媒对科普的促进性和制约性”，载《科技风》2008 年第 21 期。

[2] 颜美群：“论突发公共卫生事件中科技新闻传播的角色功能——以‘甲型 H1N1 流感’、‘非典’等事件为例”，载《新闻世界》2009 年第 3 期。

[3] 侯蓉英、呼东燕：“突发性灾难事件的电视科普节目研究——以 5·12 汶川大地震央视媒体报道为例”，载《华北科技学院学报》2008 年第 3 期。

[4] 苏冰、史玉民：“我国科普网站发展现状、问题及对策探析”，载《未来与发展》2008 年第 5 期。

[5] 戚震扬：“科技新闻在突发公共事件中的角色研究——从议程设置的角度”，华东师范大学 2010 年硕士学位论文。

研人员博客的科普内容进行研究，指出在公共突发事件中，科研人员博客在提高公众对科研人员和科研工作的认知度、帮助公众理解科学、促进学术交流等方面将发挥更加重要的作用。[1] 孙凯（2010）认为，科技事件的电视直播不仅可以产生一定的科普效应，也可以弘扬科学精神，是对社会热点事件进行科普宣传的较佳方式，因此当前要注重科技事件的电视直播。[2] 董阳（2011）结合互动百科为例，全面论述了 Web 2.0 时代的维基网络科普新模式。[3]

尽管媒体对社会热点事件与科学普及之间关系构建发挥了重要作用，但我国媒体在这个过程中也存在一些不到位，甚至失语等方面的问题。李冬梅（2007）指出，目前大众媒体“科普失语”的现象日趋严重，科技版面逐渐收缩，科技报道质量有所下降，使科技传播的影响力、渗透力大打折扣，认为大众媒体应加大科技传播力度，引导高品质的科技传播方向，及时调整包括考核机制在内的政策，创新科技新闻版面，培养科技新闻人才，对公众广泛宣传科学知识、科学方法和科学精神。[4] 梁璐（2010）指出，大众传媒在科普传播中存在效率低下的问题，以至于在公共突发事件产生“缺席”，甚至是“非科学导向”问题。从科普发展角度来看，大众传媒亟需具备较高专业素养的科普创作者。[5]

三是结合灾难性自然事件进行交叉研究。近年来，由于地震以

---

[1] 黄晓慧、詹琰：“科研人员博客的科普内容研究——以科学网博客为例”，载《科普研究》2010 年第 2 期。

[2] 孙凯：“重大科技事件的电视直播报道研究”，湖南大学 2010 年硕士学位论文。

[3] 董阳：“Web2.0 时代的维基网络科普新模式——以互动百科为例”，载《科普研究》2011 年第 2 期。

[4] 李冬梅：“大众媒体不能‘科普失语’”，中国科技新闻学会第九次学术年会论文集，2007 年。

[5] 梁璐：“论大众传媒在科普传播中的低效问题”，载《东南传播》2010 年第 7 期。

及异常气候现象频频发生，给社会、人民群众的生活造成巨大损失，国内学界开始加强对这些灾难性自然事件的科普研究。刘新芳（2008）以汶川大地震为契机，分析了加强灾害科普教育的重要性和紧迫性，并且提出要切实加大灾难宣传与教育，提升公众防灾意识；完善科普工作机制，确保灾害科普经常化、制度化；重点加强青少年学生的灾害科普教育，提高青少年学生的防灾意识和抗灾技能。[1] 张路等（2008）针对云南地区多发 7 级强震的现象，提出 7 级强震备震科普宣传工作的概念，对 7 级强震备震科普宣传的重点问题及意义等方面展开了初步研究讨论。此外，他们也强调了备震科普宣传是防震减灾对策中一项最值得强调的重要内容和关键环节。[2] 王章豹、岳静（2009）结合汶川抗震减灾和日本防震减灾的经验，探讨了加强地震科普工作的必要性和紧迫性，分析了我国地震科普工作存在的主要问题，并从丰富科普内容、创新科普形式、突出科普重点三个维度，提出了新时期科普工作新的应对策略。[3] 刘秀花（2009）结合 2008 年我国南方大面积冰雪灾害，论证了气象科普的重要性，认为气象科普工作是提高全民科学素养的一个重要组成部分，是贯彻落实《全民科学素质纲要》的重要体现，要加强气象科普宣传工作，在广大公众之间广泛普及气象科学知识，做到气象防险避灾常识家喻户晓。[4] 成海民等人（2010）认为，我国气象防灾

[1] 刘新芳：“深入贯彻《科普法》，加强灾害科普教育——汶川大地震带来的启示”，载《科普研究》2008 年第 5 期。

[2] 张路等：“7 级强震备震过程的科普宣传及其减灾意义”，载《灾害学》2008 年第 9 期。

[3] 王章豹、岳静：“加强地震科普工作，增强全民防震减灾意识和能力——来自汶川大地震和日本的启示”，载《中国科技论坛》2009 年第 8 期。

[4] 刘秀花：“从 2008 年南方冰雪看气象科普的重要性”，吉林省第五届科学技术学术年会，2009 年。

减灾知识的普及没有成为一个系列的活动，使公众的认知过程缺乏连贯性，科普宣传也显得有些支离破碎，没有形成品牌效应。❶ 邓泽华（2010）认为，环保是人类有效降低灾难性自然事件发生率的重要途径，因此环保科普宣传教育是全民环境教育的重要组成部分，环保科普工作是环保科技工作的重要部分，是提高我国公民环保素质和环保意识的重要举措，尽管近年来我国环保科普在内容、数量、规模、效果、吸纳资金等方面都取得了突出的成绩，但仍跟不上环保事业发展的步伐。❷

四是其他研究。国内学界针对一些社会热点事件，进行了一些看似与科普并无直接关联的研究，但实际上却进一步强化了“科普大众化、娱乐化”的观点。刘中侠、史玉民、蒋诗平等（2007）结合“霍金现象”对中国科普现状进行深刻反思，认为科学也可以娱乐化，但这种娱乐化也在一定程度反映了中国公众科学素养的水平亟需提高。❸ 此外，鉴于霍金的科普图书成功营销的事实，他们呼吁中国需要原创科普作家、大众传媒应树立以受众为核心的科普理念等。曲小敏（2008）通过“易中天现象”给科普的启示，指出我国科普应注重文化内涵，着力打造品牌效应，给科普活动注入娱乐元素，突出科普的草根性。❹

1.2.2.3 研究述评

总的来看，国内文献基本上认同“社会热点事件是开展科普的

---

❶ 成海民：“谈气象防灾减灾知识的普及”，载《中国科技信息》2010 年第 18 期。

❷ 邓泽华：“我国环保科普工作现状及对策”，载《法制与社会》2010 年第 10 期。

❸ 刘中侠、史玉民、蒋诗平：“‘霍金现象’析因及对中国科普的反思”，载《科普研究》2007 年第 1 期。

❹ 曲小敏：“由易中天的‘火’引发的科普杂想”，中国科普理论与实践探索——《全民科学素质行动计划纲要》论坛暨第十五届全国科普理论研讨会文集，2008 年。

良好契机”的观点，应该切实通过社会热点事件促进科普工作深入开展，只是侧重点不同，主要表现在以下方面：一是强调要发挥科学家、专业人群在科普工作中的功能；二是强调大众传媒和网络的功能；三是强调非政府组织的科普功能；四是提出对现行科普模式进行改造（如增加娱乐形式等）；五是从宏观方面强调了运用社会热点事件开展科普的重要性及意义；六是涉及概念方面，主要有公共事件科普、应急科普、7 级强震备震科普等。这些都为社会热点事件与科学普及互动关系的研究奠定了坚实的基础，开启了深入研究的空间。

当然，不足之处也很明显，如从文献发表的数量和研究深度来看，社会热点事件与科学普及关系的交叉研究，在理论和实践方面仍显得过于薄弱，其正面导向功能发挥还不够，两个范畴之间的互动关系没有得到明确揭示及论证，因而亟需进一步加强。下一步应重点对社会热点事件与科学普及互动关系进行研究，即从理论上用实证的方法对社会热点事件与科学普及的交叉互动关系进行论证。

1.3 研究思路及研究方法

1.3.1 研究思路

由于本书属于基础理论方面的研究，即对社会热点事件与科学普及互动关系的研究，重点是在互动关系方面，因此本书研究思路首先是对与社会热点事件与科学普及互动关系研究相关的理论进行阐述，将该部分作为全书研究的理论支撑；其次，对社会热点事件影响科学普及以及科学普及对社会热点事件的影响分别进行论述，这是社会热点事件与科学普及互动关系构建的基本内容；接着，对社会热点事件与科学普及互动机理进行分析，继而尝试构建社会热点事件与科学普及互动模型；最后运用主成分分析法（PCA）及数据包络分析法（DEA）等，对采集的数据进行统计分析，从定量的角度对社会热点事件与科学普及的关联度进行论证（如图 1-1 所示）。

1.3.2 研究方法

本书将综合采用公共管理、公共政策、科技中介组织管理及社会学等相关理论展开研究，具体的研究方法主要包括：

① 文献分析法。整理国内外关于社会热点事件与科学普及相关的最新著作和论文，并对其进行综合分析。

② 演绎归纳法。对社会热点事件与科学普及关系进行系统论述，从而论证二者之间存在的深层次互动关系。

③ 案例分析法。在精选国内 2007~2011 年与科学普及相关的社会热点事件作为案例的基础上，深入剖析社会热点事件与科学普及之间互动模式及相互间影响。

④ 定量分析法。运用主成分分析法（PCA）及数据包络分析法（DEA）等，对采集的数据进行统计分析，从而科学论证社会热点事件与科学普及二者间际关联度，并在此基础上构建二者互动模型。

⑤ 比较分析法。对国内外运用社会热点事件开展科普实践进行比较研究，结合我国社会现实，提出可供参考的科普对策。

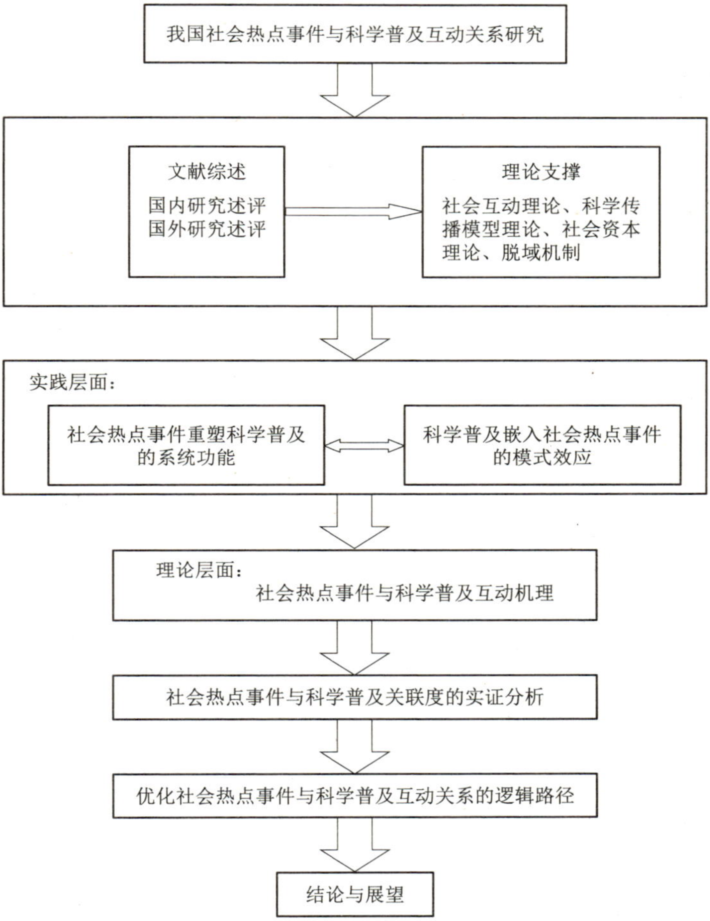

图 1-1　研究思路框架

1.4　研究内容及创新之处

1.4.1　研究内容

本书共分为八个章节进行论述，研究的具体内容如下：

第一章　绪论。本章首先交代全书的研究背景，即研究我国社会热点事件与科学普及之间的互动关系的根本原因，研究这一主题的理论价值和现实意义。然后在收集、整理、分析相关文献的基础上，寻求研究的突破点，进而对本书的研究思路，设计主要的研究内容进行全面构思，最后在总结前人的研究成果基础上，结合本书的研究内容，归纳出创新点。

第二章　社会热点事件与科学普及互动关系的基本理论。本章主要论述与本书研究相关的理论，具体包括社会互动理论、科学传播模型理论、社会资本理论、脱域机制理论等，并结合社会热点事件，对科学普及方式、传播路径以及路径中的信息控制进行归纳和总结，为后续研究提供理论基础。

第三章　社会热点事件重塑科学普及的系统功能。本章主要通过对 2007~2011 年发生的典型案例的分析，对社会热点事件影响科学普及的相关层面进行论述，归纳并总结社会热点事件在科普素材、科普契机、科普效应等方面对科学普及的全方位影响。

第四章　科学普及嵌入社会热点事件的模式效应。本章主要研究科学普及“嵌入”社会热点事件，从而对社会热点事件的发生率、形成、演化进程以及效应扩散等方面产生的深刻影响。

第五章　社会热点事件与科学普及的互动机理。本章主要围绕社会热点事件与科学普及互动过程循环图，对互动背景及互动基础来展开论述。主要包括社会热点事件与科学普及的互动背景及基础、社会热点事件与科学普及互动机制的构建、社会热点事件与科学普及互动机制的应用分析。

第六章　社会热点事件与科学普及关联度的实证分析。本章运用主成分分析法（PCA）及数据包络分析法（DEA）等，对采集的数据进行统计分析，从而科学论证社会热点事件与科学普及二者间际关联度，使二者之间互动关系更具科学性。

第七章 优化社会热点事件与科学普及互动关系的逻辑路径。本章通过对科学普及在脱域机制中反思性运用的研究，论述了以理性为主的科学思维在脱域机制遭到冲击的情况下，对社会普遍信任的基石建设所起到的重构作用，并在此基础上提出科学普及不仅仅是知识的普及，更重要的是科学理性思维的培养和公众科学素养的提高。

第八章 结论与展望。本章以对前述的理论研究、实证研究进行总结的基础上，提炼并归纳出全书主要的观点和研究结论；其次，分析本书研究存在的不足之处和今后进一步的研究方向。

1.4.2 可能的创新之处

从国内外研究的现状来看，尽管国内外对运用社会热点事件开展科普开始引起重视，并且在实践中也取得一些进展。但是对于一些基础理论还不是很关注，尤其是社会热点事件与科学普及的关系更是少有问津。因此本书在如下几个方面可能具有创新性：

（1）构建科学普及嵌入社会热点事件的基本模式

本书结合科学传播的理论与实践，借鉴科学传播的三种典型模型——中心广播模型、欠缺模型、对话模型，以及科学普及发展的三个阶段——传统科普（中心广播）、公众理解科学（欠缺模型）、有反思的科学传播（民主模型），从知、信与质疑的角度构建科学普及嵌入社会热点事件的政治嵌入、关系嵌入与认知嵌入等三种模式，科学揭示科学普及在社会热点事件发生、发展及终结全过程中介入性和主观能动性。

（2）提出系统的科学普及与社会热点事件之间的互动机理

本书以科普教育供给和公众科普需求为基础，运用经济学理论中边际效用递减理论，通过引入弹性的概念勾画并测算科普教育供给和公众科普需求对社会热点事件引发的公众知识水平变动的敏感程度，并基于此获取科普教育供给和公众科普需求共同作用下所形成的科普均衡状态，进而系统地提出社会热点事件与科学普及互动机理，并对其在实践中的成效进行相应考量。

（3）构建完整的科学普及与社会热点事件互动体系

本书通过全面分析科普教育供给与公众科普需求之间供求过程，在政府—公众与政府—科普机构等两个内循环的基础上，构建出由相关社会热点事件的发生而出现知识的互动供求关系的自循环互动体系。

（4）提出优化科学普及与社会热点事件互动关系的整体思路

本书以脱域机制理论为切入点，在科学剖析逻辑基础、重点领域和可行路径等三个方面的基础上，对科学普及与社会热点事件互动关系进一步优化提出科学、符合逻辑的对策体系。

2　社会热点事件与科学普及互动关系的基本理论

2.1　社会互动理论

2.1.1　社会互动理论

社会互动是人们之间、群体之间或组织之间相互作用的表现形式，它是人们对他人动作或反应的过程，是人与人之间为满足某种需要而进行的相互作用、相互影响的活动。“社会互动的根本原因在于社会因素交互影响，人性与文化之产生者是其最终产品，称社会互动。”❶ 社会互动是社会关系、社会结构以及各种各样的社会群体产生的直接结果。

社会互动理论是从微观层面上理解许多重要社会问题的基础，当前社会互动主要有以下派别：

（1）乔治·米德（George Mead）的“符号互动论”❷

“符号互动理论是指通过日常生活中发生的琐事，并将其归结成

---

❶　王云五：《云五社会科学大辞典·社会学》（第一册），台湾商务印书馆股份有限公司 1973 年版，第 74 页。

❷　［美］乔治·米德：《心灵、自我与社会》，霍桂桓译，华夏出版社 1999 年版，第 85 页。

体系而成的。经验的现实是我们所处社会的真实写照，在这个社会中各种不同个体、群体以及组织中的成员都无时无刻地进行着相互作用，并被划分成了许多社会现实及互动模式，这些模式在相当大程度上依赖于各种情景的定义。”❶ 在符号互动论中，所谓“符号”，是指其他事物或现象在某种意义上的代称。在此基础上的互动旨在阐明一种基于特定意义上的符号间际行动过程，真正理解某个互动行为，其关键要对行动者符号的内涵作出符合逻辑的诠释。符号是产生互动、修正、发展和变化的基石，通过符号人们可以认识他人对自己的态度和看法，并形成和修正最终掌握概念。在历史中的一些文明古国，符号互动论将礼仪作为社会秩序的基础，礼仪在日常互动中的发挥着重要功能。

（2）戈夫曼（Erving Goffman）的“戏剧理论”❷

戏剧理论指出，在生活这个大舞台上，留给观众什么样的印象是表演者最为关心的事情。基于该理论，社会生活中的人格行为目的就是更有效地控制自己，确保在互动过程中留给另一方的印象不是太差。该理论研究的重点明显倾向于技巧性，如对互动中的表演技巧的过度关注、留给他人好印象在时机上的掌控，因此该理论又被人们称为“印象管理理论”。戈夫曼认为，为了实现印象管理，人们必然要运用一些手段、工具，团队精神是成功的印象管理最为重要的，剧组人员彼此是相互依赖、相互信任的。❸

---

❶ 李少春：《社会学的历史发展》，中央编译出版社 2003 年版，第 161 页。

❷ 杨善华：《当代西方社会学理论》，北京大学出版社 1999 年版，第 58 页。

❸ Erving Goffman. *The Presentation of Self in Everyday Life*, Doubleday, 1959, p. 253.

（3）贝克尔的“标签理论”

对社会问题、现象或某种失范行为作出的主观价值判断是标签理论的研究的核心。社会出于自身需要，通常给一些社会问题、现象或失范行为等贴上这样或那样的标签。因此，类似的行为或事件，在一些社会中可能被视为正当的，而在另一些社会中则被完全视为失范。即使在同一社会中，这种异象也极有可能发生。在实践中，社会公众往往会对那些被贴上了标签的事件、现象或失范行为以一种标签式的眼光进行审视，这种审视压力的负面作用之一就是迫使越轨者进一步堕落；反之，对贴上“正当的”、“符合规范”的标签社会状况与行为，其对立性也会相应降低，直至自动消除。[1]

（4）加芬克尔（Garfinkel. Harold）的“本土方法论”[2]

本土方法论表明，社会互动是由基本的社会规则所决定并促成的。如果背离社会通行的基本规则，互动障碍就会不可避免地出现。该理论认为，互动有蓝图，其内在的逻辑、程序、规范与过程是“蓝图”的主要内核。相对稳定的、可以理解的互动“蓝图”，能使人际之间的互动变为可能，并逐步畅通。

2.1.2　社会互动的基本方式

当下，社会互动的基本方式包括合作与竞争、互助与冲突以及交换与掠夺。

---

[1] 徐玲：“标签理论及其对教育‘问题青少年’的启示”，载《社会》2000年第10期。

[2] ［美］哈罗德·加芬克尔：《民族方法学研究》，Polity，1992年版。

（1）合作与竞争

合作是互动双方为了达到共同目的而在行动上相互配合的社会互动方式。合作者可以是两人（或单位或群体），也可以是多人（或单位或群体），合作的基础在于合作各方共有的目的。合作的根本性原因是个人的力量着实有限，依靠个人难以实现某种目标，必须靠集体的力量才可能达到目标，获取某种社会资源。合作行为是自人类社会产生便即产生，各种社会群体、单位形成的根本目的就是合作，通过单位或群体间际合作，人类才有效地实现取得满足各个层次需要的社会资源这一根本目的。

竞争与合作是对立统一的哲学范畴。社会竞争根源于社会资源的稀缺性。由于社会资源的稀缺，导致互动双方争夺某种资源，并最终形成人类社会生产生活的一种不可或缺的互动方式。社会竞争的发生往往需具备三个基本条件：一是必须有一个共同的目标，物质的或精神的；二是双方争夺对象必须是同一个，如果两个或两个以上的个人或社会单位争夺的对象不同，那么他们之间发生竞争的可能性很小；三是双方中一方获得成功，另一方即丧失成功的机会，双方共赢的局面不存在。为了在竞争中成为获胜一方，人们往往会采取各种各样的方法。这些方法的运用一方面对社会的发展起到积极的推动作用，另一方面也可能损耗、抵销不同的社会力量，并引发一些深层次的社会问题。

（2）互助与冲突

互助，是为了他人的需要，个人或社会单位无偿地转让自己占有的资源的行为方式。互助常见方式有施舍、救助、捐赠、救护及自我献身等行为。互助的典型特征在于其是一种完全不以报酬为目的的行为，它与为实现共同目标而相互配合的合作行为有着明显差异，同时与你帮我、我帮你的简单社会交往也有着本质差别。在前面所提及的合作与竞争这对范式中，互动双方的行为方式大体相同。而互助双方的行为方式则差异明显，主要表现为二者地位的不对等：让出资源的一方处于积极主动的地位；而接受资源的一方处于被动的地位。

冲突与互助是一对范畴。实际上，冲突无处不在，存在社会关系的地方就必然存在冲突。冲突作为互助的对立范式出现，其核心正如小罗宾·威廉斯所言，“冲突是一种企图剥夺、控制、伤害或者消灭另一方并与另一方的意志相对抗的互动；真正的冲突是一场战斗，其目标是限制、压制、消灭，否则将会受到对方的伤害”。[1]

（3）交换与掠夺

社会交换是一种互动双方自愿地用各自拥有的多余资源（代价）换取其他必需资源（酬赏）的互动方式；而掠夺是运用强制力不平等地或无偿地从他人那里获取资源的互动方式。

交换建立在契约之上，是一种自愿的行为。一种社会单位的建立往往是强者对弱者、统治者对被统治者进行长期资源掠夺的开始。当社会单位的秩序建立之后，社会单位内部相同地位的成员是可以进行交换的。尽管迄今为止的社会仍未完全摒弃武力，掠夺现象经常发生，但随着社会的进步，真正的交换将日益增多，掠夺的成分将相对减少。

---

[1] 转引自张玉堂：《利益论——关于利益冲突与协调问题的研究》，武汉大学出版社2001年版，第54页。

2.2 科学传播模型理论

2.2.1 科学传播的概念及内涵

尽管国内外对于科学传播的研究日渐深入，但科学传播的概念仍处于一种模糊状态中，尤其在国内有多个专用名词，如“科技传播”、“科学传播”以及“技术传播”混用的情况依然较普遍。在国外，英文中有“Scientific and Technical Communication”（STC），有“Science Communication”，还有“Scientific Communication”和“Technical Communication”等，混用情况也比比皆是。[1] 针对这一现象，国内学者刘华杰提出不同的看法，他认为，“科学与技术在本质上存在很大区别，将科学传播与科学技术传播、技术传播混为一谈有可能给社会公众造成一种误解”。[2]

从目前可查阅的文献资料来看，贝尔纳是最早关注科技传播问题的科学社会学家之一。其专著《科学的社会功能》（1939 年版）还专门用一个章节，系统讨论了“科技传播”。[3] 在该书中，贝尔纳认为，日益倍增的科学情报信息使科学传播成为人类面临的现实问题，人类社会必须采取某种措施来认真应对，否则人类将面临知识一经获得就可能立即陷入无用的局面，因此“需要极为认真地考虑解决科学交流的全盘问题，这些问题包括科学家之间交流的问题，

---

[1] 翟杰全：《让科技跨越时空：科技传播与科技传播学》，北京理工大学出版社 2002 年版，第 12 页。

[2] 刘华杰：“整合两大传统：兼谈我们理解的科学传播”，《科技传播与社会发展——中国科技新闻学会第七次学术年会暨第五届全国科技传播研讨会论文集》，2002 年。

[3] J. D. Bernal. *The Social Function of Science*, First M. I. T press Paperback Edition, March, 1967, pp. 292-308.

也包括向公众交流的问题”。[1]

在长期专注于科技传播研究过程中，贝尔纳认为科学家之间的交流问题、科学教育和科学普及工作，是科技传播研究中不得不面对的三个问题。现代科技传播系统也正是由这三个方面构成，缺一不可。其中，科学家之间交流是否通畅是提高和改善科学研究效率的关键所在，让公众更好、更全面系统地理解科学对人类社会所起的作用则是科学普及所关心的重点，只有如此才能更好地让公众了解科学对人类生活可能产生的影响。

国内也有不少研究者对科学传播的科学定义进行研讨。通常认为，科学传播是指与科学相关的一系列资料、知识、情报的交流、传播和共享的活动过程，这一定义是 20 世纪 90 年代中期较具代表性的观点之一。孙主寅（1996）认为，除了传播内容有所不同以外，科技传播在本质上仍然属于传播。[2] 也有学者认为，科学传播是“科技知识信息通过跨越时空的扩散而在不同的个体间实现知识共享的过程”，专业交流、科学技术教育、科技普及、技术传播是根据传播渠道对科学传播层次分类。[3] 卞毓麟（2002）认为，科学知识是将少数人最初的劳动成果积累转化为全社会共享的最终财富的过程。[4] 这种转化过程实际上就包含科学传播的过程，同样包括科学交流、科学教育、科学普及三个层次类别。此外，还有从“多元、平

---

❶ ［英］贝尔纳：《科学的社会功能》，陈体芳译，商务印书馆 1982 年版，第 400~418 页。

❷ 孙主寅、曹自学主编：《科技传播研究——首届科学传播研讨会论文选》，清华大学出版社 1996 年版。

❸ 参见刘兵、侯强：“国内科学传播研究：理论与问题”，载《自然辩证法研究》2004 年第 5 期。

❹ 卞毓麟：“公众理解科学与科学进步”，载《科学中国人》2002 年第 2 期。

等、开放、互动”的“传播”视角来理解“科学传播”，多元化视角的实质在于将科学传播的引入看作一种观念的转化。

综上所述，所谓 Science Communication 在内容上，不仅包括通常意义上的科学普及——向公众传播与科学技术相关的知识信息，也包括科学共同体内的传播与交流，其本质属于一种交流共享的过程与活动，是人类传播的一个特殊类型，其特殊性在于将其限定在与科学相关的范围之内。

2.2.2 科学传播模型理论

结合国内外科普科学传播的理论与实践，科学传播模型理论将中心广播模型、欠缺模型、对话模型[1]归纳为科学传播的三种典型模型。从时间上的演化关系来看，此三种模型在某种意义上分别代表三个不同且有内在关联的发展阶段。对三种模型发展阶段的划分主要得益于经济学理论分类的启发与借鉴：经济学问题通常从政府、厂商和客户三个主要层面来研讨，相应也就衍生出三种不同层面的经济学理论。基于此，科学传播系统也是可以类比地从政府、科学共同体、公众三个层面分析其主要立场（如表 2-1 所示）。

从表 2-1 中可以看到，尽管三个阶段在一定程度上反映了历史进程的前后，但仍然是一种不彻底的逻辑分类，学界称之为韦伯社会学意义上的某种“理想类型”（Idealtypus）[2]。三个阶段分别对应中心广播模型、缺失模型和对话模型（也称民主模型），分别体现了

---

[1] 刘华杰：“科学传播的三种模型与三个阶段”，载《科普研究》2009 年第 2 期。

[2] ［德］韦伯：《社会科学方法论》，李秋零译，中国人民大学出版社 1999 年版，第 27 页。

国家或政党立场、科学共同体立场和公民立场或人文立场。

表 2-1　面向公众的科学传播三种立场的划分依据

	与经济理论对比	科学传播系统
最高层	政府	国家、政府立场
中间层	厂商	科学共同体立场、企业立场、国际组织、NGO 立场、传媒立场等等
底层	家户	公民立场

在目前讨论的语境中，通常认为科普、公众理解科学和科学传播是科学普及事业发展的三个历史阶段❶（如表 2-2 所示）。

表 2-2　科学普及事业发展的三个历史阶段

	起源	侧重内容	主要对象	性质
传统科普	历史最长	科技内容的普及	大众	实践性活动（传播什么）
公众理解科学	为了解决科普中出现的问题	科学与公众的关系	公众（比大众更宽泛）	强调影响（为什么传播）
科学传播	传播学理论对科学活动的研究	传播过程和传播机制等	多主体互动，包括公众但不限于公众，也包括了在科学共同体内部的交流	强调过程及内在机制（如何传播）

传统的科学普及，由掌握科学知识的权威人群向没有掌握科学知识或掌握较少科学知识的弱势群体传播科学知识的过程，其典型表征为科学知识施舍者实施的、居高临下的单向式传播过程。这一

❶ 刘兵、侯强："国内科学传播研究：理论与问题"，载《自然辩证法研究》2004年第 5 期。

局面自公众理解科学运动诞生后才得以改观，随之公众理解科学逐渐代替传统模式。公众理解科学以其全新的品质，让科学传播得以作为科学普及的新形态，活跃在社会各个领域和阶层。

在此基础上，科学传播模型与科学普及发展的三个阶段存在着不可分割的关联，其之间的关联度表现为：(1) 传统科普——中心广播：自上而下命令教导，知与信中强调信；(2) 公众理解科学——欠缺模型：自上而下教育与公关，强调知与信并重；(3) 有反思的科学传播——民主模型：公民接受义务科学教育，就科学技术事务扩大参与协商渠道与力度，强调知和质疑（如表 2-3 所示）。

表 2-3　科学传播模型与科学普及阶段及立场对应关系

科学传播模型	科普发展阶段	立场
中心广播模型	传统科普	国家（或政党）的立场
欠缺模型	公众理解科学	科学共同体的立场
对话模型	有反思的科学传播	公众立场

第一种模型：中心广播模型。其典型特征在于一种自上而下命令教导，在“知”与“信”中过多强调“信”，这种模型能较好地适用于计划经济时代，服从并服务于国家、政府的需要，根本目的在于确保社会安定。从内容上看，该模型过多强调科学权威和信仰，对具体的科学知识和技术有较大偏好，对科学方法与过程重视不够，对科学的社会运作几乎不提，其他有关科学的局限性以及科学家的过失更是很少提及。在这种模型中，科学是“神圣的”、“非人的”或者“超人的”，不容任何置疑。

第二种模型：欠缺模型，也称作“缺失模型”。其典型特征在于一种自上而下教育与公关，认为“知”与“信”同等看重。该模型以1985年英国皇家学会的报告《公众理解科学》的公开发表为标志，发端于西方民主发达国家。其深层次要旨在于：相对于科学家，公众在科学素养上还十分欠缺；因为缺乏对科学的足够了解，公众可能对科学投入的支持度不够，弥补这种欠缺主要依赖于科普或科学传播。但是在具体实践操作上，该模型增加了“公关”的维度，体现了其对公众的重视程度，即提高公众的科学素养不再是唯一目标，更为重要的是呼吁公众支持科学事业。

第三种模型：对话模型（也称为“民主模型”）。该模型中，公民接受义务科学教育就是为了更好、更多可能地参与科学技术事务决策与协商，因此注重“知”和“质疑”。其典型特征包括：科学传播的受众与主体呈多元化趋势；强调并关注公众的态度，赋予公众发言权；科学素养低很少是自愿的；科学传播要体现社会正义，确保社会资源实现公平分配；提高公民的科学素养，关键在于正规教育，社会再教育辅助作用不太重要。

2.2.3 科学传播的内容与机制

具体科学和技术知识的信息是传统科普传播的主要内容。但是“二战”后，与科学相关的负面影响呈扩大态势，由此引发社会公众对科学信仰的深层次危机。科学传播也因此被赋予更多、更丰富的内涵，具体而言，即不仅需要单纯地对科学知识进行传播，而且在传播科学精神、科学思想以及科学方法方面上下工夫。基于此，科技传播内容出现多元化倾向，更多社会文化内容被纳入其中。与此同时，诸如STS研究、科学社会学和SSK的兴起与研究的深入，使这种新型理念也获得了深厚的理论支撑。

不可否认，这种转变延伸并拓展科学传播研究领域与空间。但是，如果把科学传播简单等同于这些内容的研究，则会对科学传播这一对象产生严重偏差。作为传播领域的一个特殊类型，科学传播在研究主体方面有着丰富的内容，如对传播主体控制的分析、内容的定量分析、媒介的“功能分析”、对象“受众分析”，以及传播效果的分析等。而与科普相关的研究，只是其中的内容量化分析部分。作为严格的学术研究，将其中一部分的工作简单地等同于科学传播自然是不科学的、站不住脚的。

刘华杰（2000）指出，科学传播系统应该是一个动态反馈系统，行为主体自身和之间都存在着一定的反馈关系❶（如图 2-1 所示）。在图例中，平面化的网络结构是科学传播系统的主体结构。但是，实践中的科学传播更为复杂，科学传播内容无法静态、独立存在必然会影响深层次研究，客观上传播机制及传播活动应结合起来研究。简言之，科学传播内容研究必须与传播机制的探讨相结合，独立研究则是不可持续的。

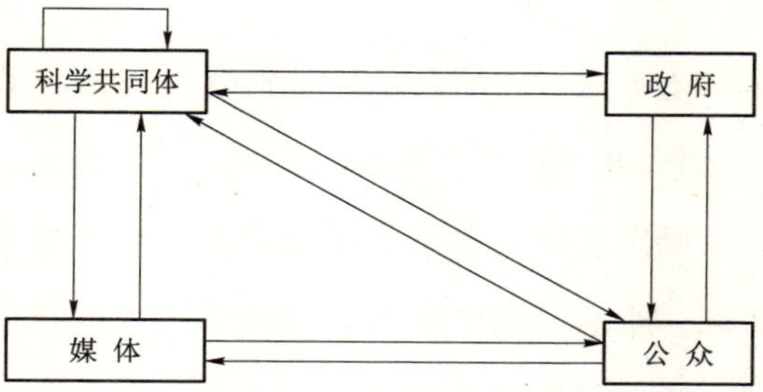

图 2-1　科学传播的主体结构

❶ 刘杰华：“科学传播的主体结构”，载《中华新闻报》2000 年 7 月 3 日第 6 版。

从传播理论来看，研究科学传播内容离不开对传播机制的探讨。格柏纳认为，人类传播系统是一个开放的系统，其传播过程呈现出主观性、选择性，以及不可预测性。[1] 信源的信息，即使采取最普通的传播模式，在进行编码、信道、译码处理后，外界因素的干扰也必定使达到受众的内容与信源信息存在天壤之别，实践中就更为复杂。因此，要获得确切的答案，只有将其置于传播中才能有效克服科学传播内容本身的动态性、不确定性。离开了科学传播机制，传播内容研究也是不可持久的。

2.3 社会资本理论

2.3.1 社会资本的界定

“社会资本”（social capital），是指个人或组织从社会获取的资源或资金的总称。庞巴维克在 19 世纪末率先提出了社会资本的概念，主要是用来对应“私人资本”并与之构成一对哲学范畴，在其概念内核中，社会资本本质是指“那些可以用来作为在社会经济领域里获得财富的手段和产品”（庞巴维克，1995）。

但是，随着研究的深入，最初“社会资本”的内涵与当代社会学家所理解的——“社会资本”反映人们社会关系的内涵存在着较大的差别。例如，皮埃尔·布尔迪厄（Pierre Bourdieu，1992）认为，现实或潜在的资源集合体是社会资本的内核，拥有或多或少制度化的和认可的关系网络与其紧密相关，一个群体中的成员所取得的身

[1] 转引自［英］丹尼斯·麦奎尔、［瑞典］斯文·温德尔：《大众传播模式论》，祝建华、武伟译，上海译文出版社 1987 年版，第 29 页。

份和地位尤为关键。[1] 在此基础上，布尔迪厄强调构建“反观性”（reflexive）的社会科学，以便实现对现存的社会制度全面反思，这就是著名的“实践理论”（a theory of Practice）。在该理论中，习性（habitas）、场（field）和资本（capital）。“社会资本”是资本的三种基本形态之一（另外两种是经济资本和文化资本）。[2]

从理论上给予社会资本系统而又翔实解释和剖析的社会学家首推詹姆斯·科尔曼。科尔曼从社会资本的功能出发，将“社会资本”界定为“个人拥有的社会结构资源，是由具有两种特征的多元化实体组构而成的：它们既是社会结构的某个组成部分，同时又促进了该结构内的某一个体的某些行动”。[3] 如同其他形式的资本，生产性是社会资本的基本特征，即是否拥有社会资本或者拥有数量的多少，直接决定行动者能否实现某个特定的工具性行为。此外，并非完全可被替代也是社会资本的另一个重要特征。事实上，为某种行动提供便利条件的特定社会资本，相对于其他行动，可能根本无用，甚至有害。但与其他形式的资本本质的不同在于，社会资本不是凭空存在，而是存在于复杂的人际关系网状结构中，它既不依附于独立的个人或组织，也不存在于物质生产的过程之中。

科尔曼认为，义务与期望、信息网络、规范和有效惩罚、权威关系等都是社会资本的典型表现形式。义务与期望的实现与社会环境的可信任程度，即兑现应尽的义务和个人履行义务的范围紧密相

---

[1] Pierre Bourdieu, Loic Wacquant. *Invitation to Reflexive Sociology*. University of Chicago Press, 1992, p. 103.

[2] Pierre Bourdieu. *The logic of Practiee*, Polity Press, 1990, p. 83.

[3] Coleman, James, S., *The Foundations of Social Theory*, Harvard University Press. 1990, pp. 52-55.

关。在特定的某个社会结构中，如果某个人、群体或组织承担的义务或所持期望较多较大，不管这种义务关涉的资源是什么或有多少，此人、群体或组织就极有可能拥有较多可资利用的社会资本。作为理性行动者，之所以能使他人、他群体或他组织对自己承担义务，根本在于他人、他群体或他组织能够从履行义务中获得某种超过义务几倍的利益。因此，利用业已存在并熟知的社会关系获取信息从而为行动提供基础性指南就显得尤为关键，特别是对于获取某些非公开渠道所能接触的内部信息，社会资本的作用更为显著。但是，社会资本的价值也难以避免随着时间的推移而逐渐贬值的命运，不断更新和增值才能确保其生命力。

值得关注的是，社会网络的概念都在布尔迪厄和科尔曼研究社会资本的过程中被提及，但是在他们研究的视野里，社会网络更多的是一种比喻。然而，随着研究的深入和时代的更替，根植于社会网络的分析之上，有关社会资本的另一重要理论流派应运而生。

2.3.2 社会资本理论的应用研究

关于社会资本理论的应用，林南（Lin Nan，2001）认为嵌入社会结构的资源有利于社会资本更好运转并发挥其功效。他指出，个人很少能直接占有那些嵌入个人社会网络中的社会资源，诸如权力、财富和声望，其获取的途径多是通过个人直接的或间接的社会关系。[1]

紧接着，林南归纳了社会资本的嵌入优势：一是进一步促进了

[1] Lin Nan. *Social Capital: A Theory of Social Structure and Action*, Cambridge University Press, 2001, p. 25.

信息的流动；二是强化社会关系人对代理人的（如组织的招募者或管理者）影响力；三是促进个人通过社会网络和关系，提升个体社会资本摄取资源的能力；四是强化社会个体身份及认可度。作为个人和社会群体成员共享的类似利益和资源，个人被确认和识别的价值，获得某些资源的公共认可较之于提供情感支持重要得多。对维持心理健康和资源所有权等方面的强化是必不可少的。

罗纳德·伯特（Burt. Ronald，1992）在社会资本应用领域创造性地提出的结构洞（Structural hole）理论。结构洞理论研究揭示从网络中的资源向网络结构的转化实质。他认为，网络结构就是社会资本实质和典型特征，在给网络中的行动者提供信息可信度和控制资源的有效度方面特别有效，他公开宣示“朋友、同事以及更一般的熟人，通过他们获得使用金融和人力资本的机会”，就是“结构洞的社会资本”。[1] 因此，如果说科尔曼、布尔迪厄等强调复杂、紧密关联的网络化是社会资本出现的条件，那么伯特所持观点恰好与之相反。在《结构洞》（1990）一书中，伯特首次旗帜鲜明地指出，关系强弱事实上与社会资源、社会资本的多寡并联度并不大，其之间并没有实质性关系；反而，正是这种相对缺乏的联系（他称为“结构洞”）有力推动了个人的流动、信息的获得和资源的摄取。长期以来，自我封闭的网络仅仅提供重复、单调的资源的根本原因在于，构成双边关系的个体、组织以及多数类似者通常对利益、财富、权力和价值等进行非排他性的共享。网络中的结构洞客观上有可能为个体提供获取更大的非重复资源的机会，而且还在战略上，

[1] Burt，Ronald，Strueture Holes：*The Social Strueture of Competition*，Harvard University Press，1992，p. 39.

为由结构洞连接的一组组节点之间控制资源流动进行准确定位，基于此，他构造了一个系统的、由社会资本系统内各种权力关系构建的概念框架。

2.4 脱域机制理论

脱域机制是由英国著名社会学家安东尼·吉登斯（Anthony Giddens）在其所著的《现代性的后果》一书中提出的一个重要概念。所谓“脱域”，指的是“社会关系从彼此互动的地域性关联中，从通过对不确定的时间的无限穿越而被重构的关联中‘脱离出来’”。[1] 为了更具体地阐明脱域机制，吉登斯认为社会系统的脱域机制包括以下两个类别：其一为符号标志（symbolic tokens）；其二为专家系统（experts systems）。二者统称为抽象系统（abstract systems）。

在脱域机制中，吉登斯认为符号标志的角色和功能犹如货币。他运用凯恩斯和森西尼的观点，将货币与时间捆绑在一起，指出在市场社会中，卖方和买方可以共同给予信任的符号唯有货币，货币很好地解决了在无法直接交换产品的情况下将债权和债务有机连接起来的难题，从而使货币得以成为将交易从具体交换环境中抽脱出来的手段，货币最终也成为重构买卖关系的唯一工具。

在专家系统中，“通过专业知识的科学调度对时空所进行的科学分类，使得这种知识的效度能够有效独立于利用他们的具体从业者和当事人”。[2] 在《现代性的后果》一书中，吉登斯将人们的日常生

[1] ［英］吉登斯：《现代性的后果》，田禾译，译林出版社 2000 年版，第 18 页。

[2] ［英］吉登斯：《现代性与自我认同》，赵旭东、方文译，三联书店 1998 年版，第 20 页。

活场景采用列举法进行罗列，随之描述了各种专业知识如何将人们所包围，而同时又是如何与这些专业知识相分离。人们之所以安居家中而不担心房屋倒塌，并非是每人都精通房屋的构造原理，而是对建筑师和建筑工人的专业知识的信赖；出门旅行，乘车、乘飞机、坐轮船等，虽然都有潜在的危险，但出于对相应的专家系统的信任，人们更多的时候感受到的是它们给生活提供的便利，相信依靠这样的专家系统，事故的发生率自然会降到最低点。

之所以将“符号标志”和“专家系统”统称为“抽象系统”并成为“脱域”的典型机制，根本在于三者的本质都极为抽象。尽管脱域机制根源于时空分离，但其实质是极为抽象化的，超越具体的时空微观，进入一种太虚的境界。事实上，符号标志要具备并发挥重构时空的能力，也只有依靠对具体场景的超越。专家系统根源于各类细分的知识，而知识起源于归纳，扩展于演绎，贯穿于知识运作始终的品质，这种过程就是概括，而概括同样具备抽象的本质。因此，将抽象作为脱域机制的本质特征，并借此深化其对现代社会影响的理解力度，是吉登斯对现代性社会进行描述和研讨的出发点。

3 社会热点事件重塑科学普及的系统功能

3.1 社会热点事件的筛选

本书将以2007~2011年国内发生的、与科学普及相关的社会热点事件作为研究素材。所谓与科学普及相关的社会热点事件，主要是指其本身或在其形成、发展、演化及至最后终结的过程中，与科学普及存在某种内在关联的事件。从事件本身来看，可以作为科学普及素材、提供科学普及契机或者提升科学普及效应等；从事件发展过程来看，科学普及对其发展演化过程起到一定的调控、引导及规范作用等，基于这些关联基础上的社会热点事件，均为本书所研究的范畴。

从时间跨度来看，2007年发生的、与科学普及相关的社会热点事件主要有：

① 我国首颗月球探测卫星“嫦娥一号”发射成功；

②“华南虎”照片疑云；

③ 北京天文馆建馆50周年庆；

④ 中国数字科技馆获联合国“2007年世界信息峰会大奖”；

⑤ 我国首列动车在上海正式始发；

⑥ 太湖蓝藻事件；

⑦“泔水油”回流餐桌；

⑧“熊猫烧香”病毒案。

2008 年发生的社会热点事件有：

① 中国成功举办奥运会；

②“三聚氰胺”三鹿奶粉事件；

③“神舟七号”载人飞船实现太空行走；

④ 科学松鼠会“升级”；

⑤ 汶川大地震；

⑥ 南方地区“雪灾”；

⑦ 人肉搜索；

⑧ 手足口病；

⑨ 人造“新鲜红枣”流入市场。

2009 年发生的社会热点事件有：

① 青海玉树地震；

② 舟曲泥石流；

③ 全国首届“防灾减灾日”科普活动正式启动；

④ 日全食；

⑤“低碳经济”的流行；

⑥ 食品安全法的出台；

⑦ 成都“6·5”公交事故；

⑧ 全球开启 3G 时代；

⑨ 广州垃圾焚烧项目争议升温。

2010 年发生的社会热点事件有：

①“超级细菌”引发对滥用抗生素的关注；

② 我国公务员招录取消“乙肝体检”；

③ 富士康员工跳楼事件；

④“奶粉致女婴性早熟”事件；

⑤ 山西贴签疫苗事件；

⑥ 世博会；

⑦“嫦娥二号”卫星发射成功；

⑧ 京沪高铁全线开通；

⑨“曹操墓”考古事件；

⑩ 养生大师们的“粉墨登场”。

2011 年发生的社会热点事件有：

①“抢盐”风潮；

② 双汇瘦肉精事件；

③ 南阳韭菜事件；

④ 甘肃平凉牛奶亚硝酸盐中毒事件；

⑤“牛肉膏”事件；

⑥ 福尔马林浸泡小银鱼事件；

⑦ 染色馒头；

⑧ 食品添加剂（塑化剂）；

⑨ 瓜果膨胀剂及催熟剂；

⑩“7·23”甬温线特别重大铁路交通事故。

从事件类别来看，主要有自然气象、高端技术、环境保护、食品安全、大型赛会、网络事件、医疗（心理）卫生、科普活动、交通事故、其他等十大类（如表 3-1 所示）。

表 3-1 2007~2011 年社会热点事件分类

类别	2007 年	2008 年	2009 年	2010 年	2011 年
自然气象	—	⑤⑥	①②④	—	—
高端技术	①⑤	③	⑧	⑦⑧	—
环境保护	⑥	—	⑤⑨	—	—
食品安全	⑦	②⑨	⑥	④	②③④⑤⑦⑧
大型赛会	—	①	—	⑥	—
网络事件	⑧	⑦	—	—	—
医疗（心理）卫生	—	⑧	—	②③⑤	—
科普活动	③	④	③	—	—
交通事故	—	—	⑦	—	⑩
其他	②④	—	—	—	—

从表 3-1 的内容来看，2007~2011 年社会热点事件分布的领域较为分散，相对集中的领域主要有食品安全、自然气象、高端技术、医疗（心理）卫生以及环境保护等方面，这些领域与人们日常生活密切相关，从而不同程度地引发了人们对科学普及的关注以及对科学普及的需求，一些科普概念如公共事件科普、应急科普也由此衍生。

3.2 社会热点事件提供“鲜活”科普素材

3.2.1 科普实践需要更为丰富的科普素材

科学普及是一个输入资金、科普要素等软件和硬件，输出附着在公众身上思想、道德、观念、能力等的系统过程（如图 3-1 所示）。在这个过程中，科普要素尤为关键。科普要素包括科普素材。

传统科学普及理论大多将以知识为主要内容的科学技术产品作为科普要素的重要组成部分。科学技术产品是指科学家和广大劳动群众在科学研究和社会实践中所产生的科学技术知识、科学精神、科学思想、科学方法等❶，它是一种相对静态的物化知识，被作为科普要素的重要组成部分也是自然而然的。但是，随着现代知识产生系统的骤然膨胀，所谓的知识日益增多，呈爆炸之态势。在这种情形下，知识的确定性被削弱，不确定性和非普遍性则明显表现出来，也就是卡尔·波普尔所说的“所有的科学都建立在流沙之上”。❷

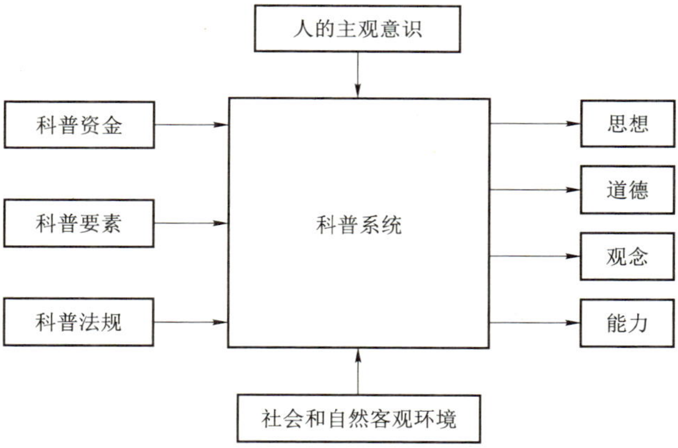

图 3-1　科普的投入产出系统

显然，以纯粹知识为素材的科学普及效果自然大打折扣。因此，要取得显著科普效果，就必须立足于更丰富的素材基础上。

此外，现代科学普及更加注重社会参与。随着科技的发展，社

❶ 《科学技术普及概论》编写组编：《科学技术普及概论》，科学普及出版社 2002 年版，第 79 页。

❷ 转引自王秀宁：“作为一种安全保障的‘碘盐’”，载中国与治理网，http://www.chinaelections.org/newsinfo.asp? newsid=202679。

会的进步和全民科学文化素质的不断提高，科普传播方式、手段的多元化，科普中可供选择的内容、方式不断增多，科普传播者与接受者之间的知识落差不断缩小，公众对科普的内容、形式提出了新的要求。过去那种为科普而科普的、静态的、行政命令式、指令计划式的科普形式，越来越难以赢得公众；相反，把科普有机地融入公众的物质生活和精神生活的、动态的、公众参与式的科普形式，越来越受到公众欢迎。在这种情形下，以社会热点事件充实传统的科普素材也就“水到渠成”。

3.2.2 社会热点事件富含各类科普素材

从本书对2007~2011年所筛选的社会热点事件来看，社会热点事件富含了各类科普知识，为科学普及工作提供了丰富的素材。

2007年，我国首颗月球探测卫星“嫦娥一号”发射成功，不仅在国内掀起广泛的“航空航天知识热”，而且通过媒介实实在在地为公众提供了一次丰盛的“科普大餐”，其提供的科普素材包括科普名词和科普知识：一是名词类：近地点高度、远地点高度、地球同步转移轨道、地月转移轨道、近月制动、绕月探测工程、“长征三号甲”运载火箭、西昌卫星发射中心。二是知识类：① 四大科学探测任务是此次“嫦娥一号”绕月探测飞行所要完成的：获取月球全表面三维图像；分析月球表面化学元素和物质类型的含量和分布；探测月壤特性；探测3万~50万公里间地月空间环境。②“嫦娥一号”卫星在成熟的“东方红三号”卫星平台基础上，突破了轨道设计、热控、测控以及制导等一批关键技术。③ 远距离测发控以及控制系统的系统级冗余等技术在“长征三号甲”运载火箭得到有效利用。

④ 绕月探测工程包括五大系统，分别是卫星、火箭、发射场、测控和地面应用。⑤ 为承担发射场系统建设，西昌卫星发射中心对发射设施设备和技术系统进行了 20 多项适应性改造；在我国原有航天测控网基础上，测控系统第一次引入了天文测量手段，并有效实现了国际联网；北京航天飞行控制中心也相应调度多个地面测控站和远望号测量船，实现对卫星持续跟踪与测控。

2008 年发生的汶川大地震提供的科普素材包括：一是名词类：海事卫星电话、卫星遥感和卫星导航设备，生命探索仪，野战医院，搜救犬，遥感技术和航空遥感飞机，直升机、救援工具——包括小气垫、液压钳、钻岩机、裂石机等，爆破技术，心理危机干预。二是知识类：① 关于地震本身的知识；② 关于抗震救灾的知识；③ 关于震中安全避险的知识；④ 关于震后恢复的知识。

2008 年发生的“三聚氰胺”三鹿奶粉事件提供的科普素材包括：一是名词类：三聚氰胺、蛋白质检测、宝宝肾结石。二是知识类：① 作为一种重要的有机化工产品，三聚氰胺主要用来制作三聚氰胺树脂，在工业应用中表现出优良的耐水性、耐热性、耐电弧性以及阻燃性，三聚氰胺一般来说是用来制造板材的化工原料，用于家装上并无毒性。② 三聚氰胺添加在饲料和食品中，充当伪蛋白氮，用普通的全氮测定法根本无法检测出饲料和食品中的蛋白质数值，由此相应提高所检测食品中蛋白质含量。③ 长期摄入三聚氰胺，会对人和动物的生殖、泌尿系统造成极大损害，如膀胱、肾部结石，严重的可诱发膀胱癌。

2009 年发生的日全食提供的科普素材包括：一是名词类：日全食、日偏食、月全食、天文科普。二是知识类：① 此次发生的日食是1814~2309年在中国境内全食持续时间最长的一次日全食，时长超过7分钟。② 本次日全食有三大特点：一是最精彩的全食持续时间很长。就全世界范围来说，本次日食是从1991年7月11日到2132年6月13日这141年间，全食持续时间最长的一次日全食。二是整条日全食带扫过区域大。全食带东西长3000千米，南北宽最窄处226千米、最宽处251千米。日食带首先从不丹国西边进入我国西藏南部和云南西北部，随后扫向四川和重庆，接着进入湖北和安徽；又向东扫向江苏和上海，最后从浙江的舟山群岛入海而东去。三是这次日全食发生在我国人口十分密集的长江流域，四川、重庆、湖北、湖南、安徽、江西、江苏、浙江等省市的部分地区都能观赏到日全食。

2009年发生的广州垃圾焚烧项目争议事件提供的科普素材包括：一是名词类：二恶英、PONY谱尼测试、垃圾焚烧发电建设项目。二是知识类：产生二恶英的主要有两个途径：一是在制造诸如杀虫剂、除草剂、木材防腐剂、落叶剂、多氯联苯等氯系化学产品生产的过程中派生出来的；二是来自对垃圾的不完全焚烧——焚烧温度如低于800℃，塑料之类的含氯垃圾由于燃烧不充分，从而生成二恶英。

2010年我国成功举办世博会，在举办期间，上海科普教育发展基金会紧紧围绕世博组织开展各类科学普及活动，使上海世博会成为全民科学素质提高的加速器。其提供的科普素材主要包括：一是未来系列项目——“迎世博·上海未来工程师大赛”；二是引来恐龙化石“鼻祖”；三是科技馆里的世博展；等等。

2010年里，各类养生大师纷纷“粉墨登场”，为人们普及中医学知识提供了系列反面素材，如“绿豆名医”张悟本、“气功大师”严新、李一“神仙”、“泥鳅治病”的马悦凌等。普及的中医学知识包括：① 中医在饮食养生上有两个概念是不能混淆的：一是药食同源，许多中药既是人们的食物，又是治病的药物；二是食补（食养）与食疗（药攻）是有区别的，不能混为一谈。譬如绿豆，人们食用它本身没有什么问题，关键是如何给它派用场：如果作为食养（食物），利用的是它的食性（性味、口感、营养成分等），只要体质、喜好和节气符合就可以选用，用量以食论；如果作为食疗（治病）时，它就成了药物，必须有严格的适应症、禁忌症和用量，不是人人都可以吃的。一些所谓的养生专家混淆了二者的概念，误导了民众的正常生活，那肯定是会出问题的。② 养生与进补是不能画等号的：一是要弄清需不需要补，二是要解决怎样补、补什么。中医把补法分为平补、温补和峻补三类，要根据人体阴虚、阳虚、气虚、血虚的不同类型适当选用。如果运用得当，对体质虚弱、久病体虚的人是有一定作用的。如果运用不当，会出现各种毒副作用。千万不要盲目进补，也不要认为中药没有毒副作用。

2011 年发生的“抢盐”风潮提供的科普素材包括：一是名词类：海盐、矿盐、核污染。二是知识类：所谓矿盐，都是从江西、湖北等地地下 3 米处提取的，这种食盐，没有任何污染，即使日本真的发生了核污染，对这种矿盐也不会造成任何影响，市民如果对海盐心存顾忌，完全可以放心选用矿盐。发生抢盐现象，主要有两点原因：一是受地震和核辐射影响，担心食盐会遭污染；二是受谣言影响，担心食盐库存不足，近期会大幅涨价。

此外，2011 年发生的多起事件均与食品安全相关，如双汇瘦肉精事件、南阳韭菜事件、甘肃平凉牛奶亚硝酸盐中毒事件、“牛肉膏”事件、福尔马林浸泡小银鱼事件、染色馒头等。这些事件使食品添加剂、食品防腐剂等成为2011年科普的重要名词。

3.3 社会热点事件提供科普契机

根据社会热点事件产生的社会效应，本书将社会热点事件分为三种基本类型：正面效应事件（以下简称正面事件）、突发效应事件（以下简称突发事件）、负面效应事件（以下简称负面事件）。其中，正面事件和负面事件主要是在事件产生效应的过程中，人的因素发挥主要作用；而突发事件主要指其产生的效应通常是人力所不能抗拒的，如地震、海啸、雪灾以及日全食等自然事件。

3.3.1 正面事件之科普契机

正面公共事件往往会带来令人心情愉悦的“科普盛典”或“科普大餐”，因此正面事件带来的科普契机也是最为难得且最为持久的。一是能带来正面效应并且引起公众关注的社会热点事件在现实生活中并不多见。2007~2011年，正面事件共计11件，所占比例仅为23.9%，而且在这些中事件中真正提供良好契机的也主要是大型赛会和高端科技事件，如奥运会、世博会、航天航空以及高铁技术。二是正面事件往往能够令人在心情愉悦、心态放松的情境下主动接受或参与科普，因此即使在事件结束后，这种科普契机的积极影响也能持续较长时间。例如，围绕着载人航天发射所开展的科普宣传工作就收到了非常好的效果，许多航天方面的知识尽管有一定难度，但仍能深入人心。从我国已有的科普经验来看，相关科普工作部门比较擅长也较乐于借助这样的契机开展科普工作。

正面事件之科普契机在实践中表现出如下显著特征：

一是普适性。科普契机的普适性，主要是指正面公共事件带来的科普契机具有较强的普遍性和应用性，不论是科普授者，还是科普受者，或者是媒介，都能借助这一契机在有意或无意的情境下开展科普。例如，我国 2007～2011 年系列的载人航天发射成功事件，其科普契机就具有明显的普适性，不仅在全国范围内营造出“航天航空热”，而且社会公众，尤其是青少年学生也乐于主动学习诸如近地点高度、远地点高度、地球同步转移轨道、地月转移轨道、近月制动、绕月探测工程、“长征三号甲”运载火箭、西昌卫星发射中心等航天知识，科普效果显著。在此期间，相关科普部门也借助自己的平台主动开设系列讲座或论坛，使公众的主动学习与授者的讲解有机结合。各类媒体更是将其作为新闻报道的头版头条，成为科普的重要生力军。

二是可持久性。正面事件之科普契机通常具有较长时间的延续性，加之正面效应的集体愉悦性（公众通常更容易记住令其愉悦的正面事件），使科普契机更容易持久。据有关专家统计，借助奥运会、世博会等大型赛会的契机来开展科普工作通常可以延续 3～5 年之久，而像载人航天、高铁等高端技术突破事件则可能会是永久性的科普契机。

三是易操作性。正面事件之科普契机具有较强的可操作性。不仅在形式和内容上容易把握，而且极有可能推陈出新，开展颇有创新的科普活动。例如，2010 年世博会期间，上海科普教育发展基金会紧紧围绕世博组织开展系列的科学普及活动，其中引进恐龙化石“鼻祖”，便是极具创新之举。

总之，正面事件提供了令公众心情愉悦的科普契机，理应充分利用，以此推进科普工作深入开展。

3.3.2 突发事件之科普契机

每一个突发事件都提供了一次绝好的科普机会。每每发生突发事件以后，大量相关科普知识的需求应付被迫切提上日程，科普宣传的重要性也即刻凸显。例如，汶川地震发生后，公众产生了诸多疑问，为什么如此大震级的地震没能被提前预报？地震到底能否预报？余震还会不会有？如何紧急、安全地避险？抢救遇险者怎么样做才是科学、有效的？震后疫情怎样控制？形成堰塞湖的原理是什么？如何有效消除堰塞湖的威胁？诸如此类问题都是公众最为关心的，也是公众最需要的。此时也是科普宣传大显身手之时。与此同时，针对突发公共事件，在其发生后开展的科普宣传，不仅在效果上是最好的，其效率往往也是最高的。实践证明，该期间所宣传的科技知识，公众大多会主动关注，并且由于与公众的切身利益紧密相关，因而也给公众留下了最为深刻的记忆。基于上述分析，突发事件之科普契机应该是突发事件发生后难得的科普宣传机遇，相关部门应借此机会开展相应的全民科普宣传。

突发事件之科普契机具有如下几个显著特征：

一是时效性。突发事件之科普契机表现出极强的时效性，要求将相应的科技知识在突发事件发生之后非常短的时间内及时传播出去，以应对事件过程中亟须解决的各类问题；一旦错过某个时间段，则科普宣传的效果将不可避免地大打折扣。例如，在抗震救灾第一阶段，一些解放军战士，由于他们不是专业救援人员，在递运从废墟中被施救出来的遇险者时，采取了一些不正确的方法，给伤员尤其是那些颈椎、脊椎骨折伤员造成不同程度的二次伤害，北京宣武医院的一位大夫马上编了一条抗震救灾现场急救常识口诀，通过各类媒体及时、反复地播讲，有效地指导了救援人员正确地施救、科学地救援，大大减少各种损失，取得了极好的科普效果。

二是针对性。针对性强突发事件之科普契机的重要特征。通常，突发事件大多是些较为特定的事件，事件提供的科普契机也主要针对特定问题。以抗震救灾为例，第一阶段要解决的关键问题就是对被掩埋在废墟下的生命如何进行高效的救治，通往受灾严重地区的道路如何尽快打通，通信联络如何及时恢复；如何防止疫情的爆发，以及怎样消除堰塞湖的威胁则是后续所要面对的问题。每个阶段需要解决的问题针对性都非常强，应借助这一科普契机针对性地开展科普，确保有的放矢。

三是挑战性。突发事件之科普契机的挑战性，是指突发事件发生后，如何真正有效地把握契机在某种程度上存在着相当大的难度。这种挑战性一方面是由于契机存在着时效性，另一方面，也是主要的，即每一次突发事件都会提出许多新的科技问题，甚至是一些从未发生过的陌生问题，这些对于广大科普工作者甚至科技工作者都是一个全新的挑战。例如，消除堰塞湖威胁问题就是一项全新的挑战，这个危机最后的解决得益于广大科技工作者智慧的汇集，边研究边解决，最终得以化解。如果不能及时有效解决这一问题，哪怕是最难得的契机，也终会化为乌有。

诚然，突发事件提供了很好的科普契机，也往往能在科普效果上起到事半功倍的效果，但是居安思危，未雨绸缪，要从长远的、战略的角度来思考和规划科普工作，所有的科普工作都应该建立在长效、持续、非急功近利的机制上。这一点很重要，也很艰巨，短期内也许看不到效果，但危机真正来临时，它的作用就会立刻显现。在2008年汶川大地震中，安县桑枣中学之所以无一伤亡，主要得益于该校校长具有长远的眼光，居安思危，防患于未然，十分注重校舍的安全，采取了各种加固措施，经常向师生宣传防震减灾知识，定期开展震后紧急疏散的演练。因此，基础性的、长效的、贵在坚持的科普工作才是最为重要的，也是最为难能可贵的。如果过分倚重突发事件之科普契机，开展急功近利的科普工作，则与本书对突发事件提供的科普契机之思考初衷相背离，甚至会带来灾难性后果。例如，唐山大地震发生后，地震科普宣传在当时一度非常热，许多地震防范知识也一度深入人心，妇孺皆知。但是，随着很长一段时间不再发生大的地震，人们开始放松了警惕，有关地震知识的宣传普及也大不如前。结果汶川地震发生后，很多人由于缺乏正确的避震自救知识，造成了一些原本可以避免的牺牲和损失。

3.3.3　负面事件之科普契机

当前发生了一系列与人们生活息息相关的社会热点事件。正如一名网友在自己的微博中用调侃的语气所写：这是一个科学普及的春天——汶川大地震，我们学习了建筑学；三聚氰胺事件，我们学习了化学；苏丹红，带来了食品学；杭州70码飙车案，提供力学研究的教材；乐清钱运会事件，音频分析技术的范本；上海大火则是火灾学。而今天，所有网民主动自学铁路前沿技术和火车逃生。很明显，这些社会事件，不论是天灾还是人祸，都给人们的生产和生活带来了破坏性甚至是毁灭性的影响，其中最为严重的影响莫过于它们对社会普遍信任体系的动摇。这种信任的基石一旦动摇，整个社会生活系统将面临灾难性的崩溃，人们的生活将陷入一片混乱。2011 年发生的“7·23”甬温线特别重大铁路交通事故就是一个有力的证明。“7·23”甬温线特别重大铁路交通事故，在相当大的层面上动摇了人们对动车安全的信任，并引发了对高铁安全的担忧，让高铁技术本身也背负了太多负担。在某种层面上，这种动摇也是对专家系统的不信任。

这种由负面事件带来的不信任为科普嵌入提供契机，相较于正面事件与突发事件所提供的科普契机，负面事件之科普契机有着更短的时效性、更强的针对性、更大的挑战性、更长的持久性。

3.4 社会热点事件提升科普效应

3.4.1 科普效应的界定及衡量指标的确定

从广义上看，科普是指为了提高公众的科学文化水平，满足人们的物质、文化和精神需要，改善社会、自然生态环境，实现可持续发展，所从事的学习、传播科学知识、科学方法，宣传科学思想和弘扬科学精神的过程。广义科普应该包括自然科学、人文科学和社会科学方面的内容。从狭义上定义：科普就是科学技术（主要是自然科学）的传播、普及过程，是科学的原理、定律、知识、思想和方法，经过再创作，以通俗的、大众能够接受的方式进行的传播和普及过程。在这个过程中，通过科普影响、改善和调节公众的思想观念和行为，达到人与自然、社会协调发展的目的。

效应，是指“某个人的言行或某种事物的发生、发展在社会上所引起的反应和效果”。[1]

无论是广义还是狭义的概念，科普都要通过一定的方式（媒介）来进行，最后的作用对象都是人（大众），并通过公众对其所处的环境、作用对象发生作用，产生一定的积极效果。在本书中，“科普效应”可理解为社会热点事件的发生对大众的生存及生活产生影响，使科学知识、科学方法、科学思想、科学精神得到传播和普及，并进一步引导大众的思维方式、学习方式和行为方式发生改变。

对于科普效应的评估，主要是从社会热点事件影响的广度和深度上进行定性分析。广度的评估标准包括：① 时间跨度；② 受众范围。深度的评估标准包括：① 科普效果的深化；② 学习态度和学习方式的转变。

3.4.2 社会热点事件提升科普效应的具体体现

3.4.2.1 广度上的体现

（1）时间跨度

一些突发的或者负面的社会热点事件对部分民众的生存、生活产生重大影响，从而导致部分甚至全社会的民众对这些事件的密切关注，也引起了相关科普效应的发酵。这些事件的发生所引起的科普效应对于深受影响的大众往往能够取得深入人心的效果，特别是在时间跨度上体现为长期性。

极端和突发的自然灾害易造成人们的生命财产安全和社会财富

[1] 中国科普研究所《中国科普效果研究》课题组编：《科普效果评估理论和方法》，社会科学文献出版社 2003 年版，第 5~6 页。

的巨大损失，之后都会有一段相对较长的救灾期和重建期。从灾害的发生到灾后的重建都可以说是科学普及的契机期，惨重的损失也容易提升科普效应，保证其长期性。

2008 年初发生的南方特大低温雪凝灾害，对于南方人民来说实属罕见，前所未有的冰雪灾害造成了无法估量的人身和社会经济损失。灾害后，相关专家曾用三个“出乎意料”总结此次雪灾——“黄河以南大半个中国 20 余天出现连续 4 次高强度降雨降雪出乎意料，整个国家经济社会发展和人民生命安全遭受如此巨大损失出乎意料，现代经济社会赖以平稳运行的能源交通通信在自然灾害面前如此脆弱出乎意料”。

这次冰雪灾害让南方人民深刻意识到了两个问题。第一，“防寒是北方地区的事，与南方地区无关”的观念是错误的，在政府要完善灾害预警和应急体系的同时，防灾减灾科学知识在全社会的普及也十分必要。社会公众的防灾减灾意识薄弱，自救能力必须得到进一步加强；另外，要破除“天灾迷信”的社会恐慌。第二，更清醒地认识随着经济的发展，全球气候日益极端化的大背景。20 世纪中叶以来，由于化石能源燃烧造成温室气体大量排放，在以全球变暖为主要特征的气候变化背景下，极端天气灾害逐渐增多，生态环境急剧恶化，水土流失和土地荒漠化面积不断扩大，淡水资源日益匮乏，大气和水污染日益严重，生物多样性锐减，海平面上升，人类的生存和发展环境遭受了严重破坏。

在全球气候问题日益严峻、灾害频繁的背景下，生存和生活遭受直接威胁的民众会更加敏感地接受有关气候变化和环境保护方面的科普知识。灾害发生的频繁性和未知性更能够刺激大众及时了解和更新有关的科普知识，以做好防灾减灾准备，保证科普效应的长期性。

（2）受众范围

社会热点事件，往往是公共事件，具有全局性、广泛性，能够刺激全社会的神经，引起最大多数民众的关注和最为强烈的社会反响。因此，这些事件发酵之后的效应，包括科普效应，往往能够传播到较大范围，造成较大的影响。

以2008年发生的“三鹿奶粉事件”为例。三鹿奶粉中含有化工原料——三聚氰胺，造成全国多数省市出现“肾结石婴儿”的案例，引起了国内外的强烈关注和全社会的严重不满。随着人们生活条件的改善，牛奶成为大众增强体质、保持健康的必需饮品。乳制品质量的不合格直接影响到人们的身体健康。

影响力的普遍性和严重性，使有关乳制品安全的科普知识，如“三聚氰胺”的概念、乳制品的质量安全标准、中毒现象等都成为大众关注的焦点。由这一热点事件引发的科普效应受众范围之广主要体现在以下几个方面：第一，空间地域之广。横向东、中、西部，纵向市、县、乡乃至村。“三聚氰胺”的类似案例在甘肃、陕西、宁夏、湖南、湖北、山东、安徽、江西、江苏等地都有发生，各地都会引发相应的科普效应。第二，社会群体之泛。一方面乳制品属于普通的食品，关系到社会大众的健康；另一方面“三聚氰胺”这类负面事件的出现，刺激了人们的神经，挑战了大家的心理底线，能使全社会意识到食品安全问题的严峻性和严重性。因此，此类事件引发的科学知识普及将影响的各个阶层、各类职业的民众。

3.4.2.2 深度上的体现

（1）科普效果的深化

所谓科普效果，就是科普过程对人产生作用而达到的某种结果。它与“科普效应”这一概念的意思完全不同。由于科普是一个复杂的系统过程，其效果表现也是多种多样的，既有直接效果，也有间接效果；既有局部的、个体的效果（某个人、某个地区科学素养的提高等），也有整体的效果（整个国家、民族的科学素养的提高和改善等）；既有单方面的效果（如某种知识、技能的获得），也有多方面的综合的效果（观念的改变、人力资源素质的改善等）。

社会热点事件中富含各类科普素材，能够提供有利的科普契机，同时也能促进科普效果的深化。这主要体现在科学知识得到普及、相关技能得以培养，观念以及认识的科学化从而导致行为方式的改变，科学素养的提高和人力资源素质的改善这三个层次。下面以“气候问题的严重化与低碳经济的提出”这一事件为例进行分析。

首先，科学知识的普及与深入人心。近年来，自然灾害频发，使人们逐渐开始思考人与自然和谐相处的问题，2009 年召开的哥本哈根会议再一次凸显了全球气候问题的严峻性。“十大”、“30%”、“X”，一堆令人眼花缭乱的数据，成为哥本哈根联合国气候变化大会揭幕后最令人关注的焦点，焦点的背后是全世界人民对于生存家园遭到巨大威胁的担忧。气候变化问题使“低碳经济”成为全社会的一个热点名词。低碳经济，是指温室气体排放量尽可能低的经济发展方式，尤其是“二氧化碳”这一主要温室气体的排放量要有效控制。在全球变暖的大背景下，低碳经济受到大家越来越多的关注。

与低碳经济有关的专用名词，如“节能减排”、“低碳技术”、“低碳生活方式”、“低碳社会”、“低碳城市”、“低碳世界”等逐渐融入经济社会生活，深入人心；低碳经济运行原理和规律，低碳生活的实质等具体知识成为人们日常生活中关注和了解的主要对象；低碳经济面临的挑战、发展的趋势，低碳生活如何开启等成为大家探讨的问题。总之，随着有关气候问题的大事件成为社会热点，相关的知识在全社会得到全面普及，人们愈来愈关注与自己的生活息息相关的气候问题，有关低碳经济、低碳生活的知识逐渐得到常识化。

其次，观念的科学化与行为方式的改变。随着有关“低碳”知识的普及，人们的生活观念以及对于社会经济发展的认识也有了实质性转变，并直接导致人们日常生活工作等行为方式的转变。在制造业领域，“低碳经济”不仅促使淘汰高能耗、高污染的落后生产能力的步伐加快，而且有效引导公众对有关习以为常的消费模式和生活方式进行认真反思，自觉抵制浪费能源、增排污染的不良嗜好，服务业和消费生活领域节能减排的巨大潜力也相应得到有效发掘。有理由相信，随着低碳意识的深入，人们会深入了解低碳生活，养成良好的习惯。

例如，戒除使用“一次性”用品的消费嗜好。以塑料袋的使用为例，无节制地使用塑料袋，是多年来人们盛行便利消费最典型的嗜好之一。减少塑料袋的使用可以说是以国家“限塑令”的发布强制性开始的。但随着人们意识到“限塑”的意义不仅仅在于遏制白色污染，更关键在于节约塑料的来源（如石油资源）、减少碳排放时，减少塑料袋的使用就成为大家日常生活中环保的行为习惯。

此外，低碳意识的深入有利于转变以大量消耗能源、大量排放温室气体为代价的“面子消费”、“奢侈消费”的嗜好。由于理解的偏差，不少公众往往将“现代化生活方式”等同于“更多地享受电气化、自动化提供的便利”，以至于在日常生活中对高耗能的动力技术系统的依赖性越来越强。在现实生活中，几百米的短程或几层楼的阶梯，都得以机动车和电梯代步。这种生活方式无疑将消耗更多的能源，更为严重的环境污染也随之而来。尽管随着环保、低碳意识的深入，人们生活观念会逐渐发生改变，但是很显然，这一根本转变在中国还需要相当长的时间。当前，国外在环保节能方面有一些好的做法值得借鉴并推广。以私家车的使用为例，尽管低碳生活方式的有关科普宣传很到位，但是公众并非一概反对小汽车进入家庭，其更注重的是提倡有节制地使用私家车。在日本，私家车普及率高达 80%，但人们的出行并不完全依赖私家车。据有关数据统计，东京地区私家车年行驶距离一般保持在 3000～5000 公里。近年来，国内私家车数量的有增无减，借鉴国外科普宣传方式，加大低碳意识普及力度，将有利于促使人们改变私家车购买及使用的旧有观念，从而推进节能环保。

科学知识的深入人心、认识和观念的转变，以及人们生活方式、行为方式的改变，都是科普效果的主要体现。随着这一切的发生，整个社会、民族的科学素养能够得以提高，也有利于培养更为严谨的科学精神。

（2）学习态度和学习方式的转变

社会热点事件的发生能够极大地提升科普效应，使科普知识得到广泛普及。科普效应的提升在很大程度上也体现在人们学习态度的转变和学习方式的深化。与过去人们对于科普知识被动地学习和接受相比，2009 年发生的日全食现象正有力地证明了社会热点事件能够促进人们对于科学知识学习态度和学习方式的改变。

我国长江流域一带于 2009 年 7 月 22 日，出现了近百年来持续时间最长的日全食。据中科院紫金山天文台事前预报，此次日食将是中国境内自 1814 年至 2309 年持续时间最长的一次日全食，其时长将超过 6 分钟。这是一个稍纵即逝的盛况，也是一次难得的社会热点事件。这次事件充分推动并体现了人们接触、学习科普知识的态度和方式的改变。

由于在广州最大限度只能看到 77.8% 的日全食，部分天文爱好者纷纷组团动身前往最佳观测点“追日”。由广东当地旅行社和广东天文学会联合组织“追日团”赶赴湖北荆州等地观看日食奇观，创下了广东“追日团”的最大规模。在“追日团”成员中，年龄最小的仅 3 岁，最大的则达 72 岁，既有来自东莞科学馆的研究者，也有来自学校的老师及同学，不少成员是摄影发烧友及天文学爱好者，更有携带子女出游的亲子团。据广东天文学会介绍，自 6 月下旬他们在广东天文科普网上发布了“追日召集书”之后不到一个月的时间内，就有 200 多人踊跃报名参加，成员遍布东莞、深圳、汕头、江门、阳江、佛山等珠江三角城市带，甚至有不少香港特别行政区的天文发烧友也慕名而来。

此次日全食壮观，吸引了如此多的天文爱好者观看，在观看日全食的过程中，天文学的科普知识自然而然地得到了普及。相比以前被动地接受科普知识而言，此次现象的发生，却是人们主动参与、主动学习的过程。而科学普及又具备教育及意识培养功能。科学普及不仅仅是一种简单的知识普及，更重要的是理性思维的培养，独立思考、系统分析的能力的提高。人们在观看日全食的过程中，自然而然地发问：日全食是怎样形成的？在哪些地方会看到日全食？什么时候会发生日全食？在这样不断发问的过程中，独立思考和分析的能力逐渐提高，科普效应也大为增强。

4　科学普及嵌入社会热点事件的模式效应

回顾和总结2007~2011年国内发生的与科学普及相关的社会热点事件不难发现，科学普及总是在不断地影响社会热点事件形成、发展演变和终结过程。从事件本身来看，可以作为科学普及素材、提供科学普及契机或者提升科学普及效应等；从事件发展过程来看，科学普及对其形成、发展演化和终结过程起到一定的调控、引导及规范作用。无论是自然气象、高端技术、环境保护、食品安全、大型赛会，还是网络事件、医疗（心理）卫生、科普活动、交通事故等其他热点事件，科学普及均扮演着非常重要的角色。

4.1　科学普及嵌入社会热点事件的模式

按照百度百科解释，所谓“嵌入”最初主要指有机化学分子合成的一种方式，即放线菌素、氨基吖啶等分子插入并结合到DNA链中相邻的碱基对之间，使DNA螺旋倒扭18°，以致增大了原为0.34纳米左右的碱基对的螺距，使整个分子的粘度增加，从而引起DNA的变性。[1] 其根本要旨在于插入并导致被插体性质产生变异。在科学

[1] http：//baike. baidu. com/view/732561. htm.

普及与社会热点事件这两个范畴领域里，“嵌入”模式研究主要是研究科学普及如何插入社会热点事件中，并导致社会热点事件发生哪些相应变性，从而最终影响社会热点事件形成、发展、演变及终结。

结合科学传播的理论与实践，科学传播有三种典型模型，依次为：中心广播模型；欠缺模型；对话模型。此三种模型与科学普及发展的三个阶段有着紧密的关联（如表2-3所示）：① 传统科普：中心广播：自上而下命令教导，知与信中强调信；② 公众理解科学：欠缺模型：自上而下教育与公关，知与信并重；③ 有反思的科学传播：民主模型：公民接受义务科学教育，就科学技术事务可以参与协商，强调知和质疑。其中，知、信与质疑成为科学普及的重要使命与基本特征，为科学普及嵌入社会热点事件提供了动力源。[1]

此外，从主导模型的主体来看，此三种典型模型又分别与国家或政党、科学共同体以及社会公众产生立场性的关联，即中心广播模型、缺失模型和对话模型（也称民主模型），分别反映了国家或政党立场、科学共同体立场和公民立场或人文立场，因此从社会热点事件的视角来看，不同的立场必然导致科学普及嵌入社会热点事件模式的不同，因而也衍生出不同嵌入模式：政治嵌入、关系嵌入、认知嵌入。

4.1.1 科学普及政治嵌入社会热点事件

政治嵌入通常与科普中心广播模型相关。科普中心广播模式主要表现为将科学普及视为自上而下命令教导，在“知”与“信”两个范畴中强调“信”，因而与计划经济为主导的经济社会较为契合，

[1] 刘华杰：“科学传播的三种模型与三个阶段”，载《科普研究》2009年第2期。

强调国家、政府的意志与需要，从而达到维护社会安定和强调科学权威、科学信仰的目的。

4.1.1.1 政治嵌入的内涵

政治嵌入，是指政治运动、政治行为以及政治权力嵌入社会、经济生活之中，成为人们生活方式和经济活动的组成部分的过程及现象。[1] 科学普及通过政治嵌入模式嵌入社会热点事件，主要是指与政治相关的运动、行为以及权力通过科学普及的方式，嵌入与科学普及相关的社会热点事件中，并使相关社会热点事件发生根本性变异。由于政治嵌入，发挥“结构洞”功能的科学普及使政治系统和政治行为不再是相对独立的，而是泛化的，它使科普活动及其社会热点事件附带上政治性，从而改变了科学普及的性质和科普授者、科普受者以及传媒之间的关系。

4.1.1.2 政治嵌入的具体表现

政治嵌入模式在近年发生的社会热点事件中有着显著表现。

针对2008年我国汶川发生特大地震灾害，国家和政府为了帮助社会公众在类似自然灾害中防灾减灾、避免不必要的损失，于2009年5月9日，在中国科技馆举行全国首届“防灾减灾日”科普活动。围绕这一活动主题，科普活动现场推出8个以地震、火灾为主要防灾减灾对象的模拟体验、互动环节，并利用展墙、展板、模型、视频音频、模拟体验设备、互动学习等多种现代化手段，让民众在实践中掌握防灾减灾、自救互救的基本方法与技能。公众通过亲身体验地震体验仪、工程抗震演示仪、模拟灭火演练系

---

[1] 参考陆益龙：“嵌入性政治对村落经济绩效的影响——小岗村的个案研究”，载《中国人民大学学报》2006年第5期。

统、模拟火灾烟雾逃生训练等模拟设备，可全方位感受地震、火灾来临时的情境，帮助提高社会公众的防灾减灾意识与防灾减灾应变能力。同时，各灾种专家还就公众关心的热点问题进行了防灾安全咨询解答。

在这个公益性的热点事件中，从主办方来看，全国首届“防灾减灾日”科普活动，更像是一种自上而下的命令教导，是各级政府部门完成年度科学普及工作任务的载体；但从社会影响及意义来看，该活动尽管是国家意志的贯彻和体现，其最终目的则在于让广大社会公众从中学习并掌握防灾减灾知识和避灾自救技能，提高综合减灾能力，最大限度减轻灾害损失，从而实现国家、社会、个人三方利益的有机统一。在这种背景下，科学普及政治嵌入社会热点事件主要强调的是活动主体在特定的政治体制下进行，使其具体行为嵌入政治体系之中。从这个意义上讲，全国首届“防灾减灾日”科普活动是在国家和政府的倡导和组织下，对民众开展的科普活动，是在特定的政治体制下进行的；活动的目的是提高广大民众的科学素养，从而减轻灾害损失，整个事件过程体现了国家和政府作为科普主体的重要作用。而随着科普活动的推进，科普理念不断嵌入民众意识之中，公众科学素养得以提升。

此外，政治嵌入模式在华南虎照片事件、汶川大地震、南方雪灾以及太湖“蓝藻”等系列社会热点事件中都有明显体现。

4.1.1.3 政治嵌入的效应

其一，社会热点事件发生根本性变异。在政治嵌入模式的主导下，由于科学普及的嵌入，社会热点事件发展演变趋势通常服务并服从于国家（或政党）的意志或利益，导致社会热点事件由最初自发状态转变为可控状态，并且为科普提供难得契机，正确加以运用有利于提升公众科学素养水平。

其二，科学普及的政治功能进一步泛化。在我国现行政治体制中，科学普及通常被看作政府弱职能之一，其日常工作主要依靠科学共同体和其他社会组织来推进和完成。通过政治嵌入社会热点事件的模式，科学普及的政治功能不仅随着社会热点事件的影响得到进一步扩大，而且也在一定程度上得以强化。

4.1.2 科学普及关系嵌入社会热点事件

关系嵌入通常与科普欠缺模型（也译作“缺失模型”）相关。科普欠缺模型是一种自上而下教育与公关，“知”与“信”并重。在具体做法上，增加了“公关”的维度，一方面它要提高公众的科学素养，另一方面呼吁公众支持科学事业。实际上它隐含的意思是，公众相对于科学家，在科学素养上十分欠缺；公众可能因为不了解科学而不支持对科学的投入，科学普及或科学传播的目的就是弥补这种欠缺。

4.1.2.1 关系嵌入的内涵

关系嵌入，从字面上理解是指行动者与个体之间的一种相互作用，它反映了个体的特征在多大程度上影响到行动者的具体活动。因此，从这个层面来看，科学普及关系嵌入社会热点事件，实际上是指科普授者与受者之间的、不断进行着互动的双向选择过程，在此过程中，充当“结构洞”的科学普及嵌入与科学普及相关的社会热点事件中，并使相关社会热点事件发生根本性变异，从而推动社会热点事件的演变。由于关系嵌入，科学普及授者不再是向受者进行单向灌输科普知识，而是双方进行着相互影响和作用，在运动过程中使科学得到有效普及，并在一定程度上更好地推动科普行动，弥补公众的科普缺失。

4.1.2.2 关系嵌入的具体表现

关系嵌入通常在突发事件中体现得更加明显，如地震、雪灾、日全食、食品安全、公共交通安全事件等。

汶川地震发生后，公众马上就会提出，为什么如此大震级的地震没有被预报？人类到底能不能预报地震？余震是否还会不断发生？地震来临时应该如何紧急避险？抢救遇险者怎样做才最为科学、有效？震后疫情有效防止的措施有哪些？堰塞湖形成的原理又是怎样的？采取什么样的措施才能彻底消除堰塞湖的威胁？在诸多问题不能及时得到解答时，部分社会公众甚至对相关部门的工作提出质疑。很明显，从科普授者与受者关系来看，在“知”与“信”方面存在明显失衡。

对于“7·23”甬温线特别重大铁路交通事故，相当一部分社会公众带着强烈的个人情感色彩来观察此次事件，并人云亦云，在相当大的层面上动摇了人们对动车安全的信任，并引发了对高铁安全的担忧，让高铁技术本身也背负了太多负担。在某种层面上，这种动摇说明公众对高铁技术的不信任，但是，从技术层面上讲，动车技术到底等不等于高铁技术？动车追尾等于高铁也一定会发生追尾吗？对于公众而言，这些问题实际上似是而非，公众也无暇关注，因为在群情激愤的情景下，非理性认识通常占据主导地位。

在社会热点事件中，如何才能做到“知”与“信”并重呢？从公众角度来看，很多人因为不了解科学，在科学素养上十分欠缺，出现此类社会突发事故之后，很容易受到个人感情色彩的支配，从而产生对职能部门甚至科学技术的不信任，如任其发展，将导致事态进一步恶化，造成公众不支持对高铁的投入和使用，或政府减少对地震部门的工作经费。但从科学普及授者来看，要想让公众既“知”又“信”，做到二者并重，就需要不断地进行“公关”，来弥补公众对科学技术信任的缺失。从“7·23”甬温线特别重大铁路交通事故引起强烈社会反响反映出，公众科学素养的缺失，导致对此问题的认识产生偏差，从而影响公众对高铁的投入和使用的态度。从二者相互关系来看，公众和科普授者在此次热点事件发展过程中是相互影响和作用的，公众的科普缺失导致其不支持科普投入，这在一定程度上要求科普授者必须弥补这种缺失，来提高受者的科学素养，重拾公众对科学的信心。而科普授者要通过普及科学知识来提高公众科学素养。正是通过科普授者和受者之间的不断作用，科学普及才能真正有效嵌入社会热点事件中。从这种意义上讲，科学普及与社会热点事件之间存在着关系嵌入。

4.1.2.3 关系嵌入的效应

其一，促进了科普授者与受者的有机结合。由于公众科学素养的欠缺，社会热点事件发生后，迫切需要科普授者采取行动来弥补这种缺失，在此过程中，科普授者和公众存在着不间断的、互动双向选择的作用，因此在与科学普及相关的社会热点事件中，通过关系嵌入，科普授者与受者实现了空前的紧密结合。

其二，推动了社会热点事件的良性演变。通过关系嵌入，社会公众能够及时、有效地从科普授者处得到科学知识的弥补，从而提高科学素养，对相关的社会热点事件也相应会有新的认识和了解，其产生的直接结果：对产生正面效应的社会热点事件会保持较长时间段的兴奋点，而对负面效应的社会热点事件则兴趣骤减。基于此，关系嵌入模式可在一定程度上推动社会热点事件朝着良性方面发展演变。

4.1.3 科学普及认知嵌入社会热点事件

认知嵌入通常与科普对话模型（也称民主模型）相关。科普对话模型，是指公民接受义务科学教育，就科学技术事务可参与协商，强调“知”和“质疑”。这种模型特点是：科学传播受众与主体均多元化；强调公众的态度，公众的发言权；提高公民的科学素养，关键是正规教育，社会再教育起辅助作用。

4.1.3.1 认知嵌入的内涵

认知嵌入，通常是指人类思维由于受其心智活动的影响，导致其行为随着认知水平的变化而发生变化。科学普及认知嵌入社会热点事件，则主要是指随着认知水平的提高，公众对产生的社会热点事件能在较短时间内形成正确的判断，从而自觉接受科学普及的辐射作用。科学普及通过认知嵌入社会热点事件中，并使相关社会热点事件发生根本性变异，在一定程度上加速了负面社会热点事件的终结。由于认知嵌入，科学普及使公众更愿意自觉接受科学知识，它使科普活动对社会热点事件的作用效果更加明显。

4.1.3.2 认知嵌入的具体表现

2011 年受日本福岛地震和核辐射的影响，全国部分超市出现了食盐急购现象，部分小超市、小卖部食盐卖断货。广大民众纷纷走上街头加入抢盐行列。据了解：抢盐队伍中主要是中年妇女和老年人，这类人一是担心食用食盐受地震和核辐射污染影响其正常食用功能；二是受谣言影响，担心食盐会大幅涨价。事件发生当日，盐业主管部门及相关科普部门及时辟谣，对食用盐的有关知识进行及时澄清，说明我国国内居民食用盐主要是矿盐。所谓矿盐，是指从江西、湖北等地地下 3 米处提取的食用盐。这种食用矿盐，不仅没有任何污染，而且即使日本真的发生了核污染，也不会给这种矿盐的食用功能造成任何负面影响。公众如果对食用海盐心存顾忌，矿盐完全可以代替之。对于食盐库存不足的谣言，更是无稽之谈。根据有关国家法律规定，我国的食盐在销售方面实行“两统一”，即统一包装、统一定价。另外，食盐销售一般都提前准备两三个月的库存，当前食盐库存量符合常规库存标准，完全可以保证市民的生活。“抢盐事件”最终在较短时间内不了了之，社会生活很快恢复正常秩序。

从公众角度来看，“抢盐事件”是由于我国公众的科学素养普遍偏低，对科学知识缺乏充分的理解，以致民众易受到各种偏激舆论和不良思想的影响，对一些社会事件和现象产生非理性的判断。在面对谣言时混淆是非曲直，产生恐慌。在“抢盐事件”中，很少出现年轻人的身影，这是因为这类人接受过正规教育，有一定的科学素养，所以他们不会人云亦云。而那些抢盐人在经过科普等方式的再教育也逐渐提高了认知水平，逐步退出抢盐行列。但从科普授者角度来看，“抢盐事件”中，并没有脱离科学普及的作用，民众的担心和恐慌加剧了整个事态的发展和演变，如果没有盐业主管部门及时辟谣，科学普及没有及时推进，后果不堪设想。因此，可以说在“抢盐事件”的发展演变过程中，科学普及让公众实现了从“知”

到“质疑”的重大转变，让科普受者在此类事件中懂得“质疑”，自觉提高明辨是非，理性甄辨的能力。

尽管从社会影响及意义来看，“抢盐事件”给社会造成极大的负面影响，但是整个事件过程体现了在科普授者的作用下科普受者认知水平的变化，其随着科普活动的推进，科普理念不断嵌入民众意识之中，其认知水平得到不断提高。因此，基于这个角度，科学普及认知嵌入社会热点事件在一定程度上加速了负面社会热点事件的终结。

4.1.3.3 认知嵌入的效应

其一，强化科学普及的社会功能。从上述“抢盐事件”可看出，正是由于我国民众的科学素养普遍偏低，对科学知识缺乏充分的理解，从而在面对相关社会热点事件时，出现不善“质疑”、盲目“跟风”的现象，导致社会热点事件负面效应产生不应有的扩大态势。但是由于科学普及及时到位，事件在较短时间内得以平息。由此，科学普及通过认知嵌入的模式嵌入相关社会热点事件，不仅有利于提高公众认知水平，增加理性判断能力，而且有效遏制了社会热点事件负面效应的扩散。

其二，深化公众科学素养的重要性。在社会热点事件发展演变过程中，社会公众在多大程度上自觉接受科学普及的辐射效应取决于公众科学素养水平的高低。尽管科学普及通过认知嵌入模式嵌入相关社会热点事件中，让公众实现了从“知”到“质疑”的重大转变，客观上有助于提升公众科学素养水平，但公众科学素养水平却在相当大的程度上制约着科学普及效应的发挥。

科学普及嵌入社会热点事件的基本模式可归纳为：政治嵌入、

关系嵌入、认知嵌入，尽管在内容上存在重合的可能，如在一些社会热点事件中，三种嵌入模式可能同时存在。但是，此三种模式的侧重点不尽相同，其中政治嵌入主要从国家（或政党）的立场着眼；关系嵌入则着重反映了科学授者与受者之间的互动关系；认知嵌入则体现了科学普及的社会功能以及公众本身的科学素养水平对科学普及效果的影响。

4.2 科学普及调控社会热点事件的发生率

科学普及是将人类在认识自然和社会过程中所产生的科学技术知识、科学方法、科学思想、科学精神，通过多种有效的手段和途径向社会公众进行传播，为公众所理解和掌握，以此不断提高公众科学文化素质的系统过程。正是基于科普的这种功能，社会公众能够及时、有效地从科普授者处得到科学知识的弥补，对相关的社会热点事件也相应有新的认识和了解，对产生正面效应的社会热点事件会保持较长时间段的兴奋点，而对负面效应的社会热点事件则兴趣骤减。公众兴趣偏好的变化在一定程度上影响其对社会热点事件的关注程度，进而影响社会热点事件的发生率。从这个层面来讲，只要这种发生率控制在合理水平，就可以认为科学普及对社会热点事件发生率的调控起到了应有的作用。

4.2.1 2007~2011 年社会热点事件发生率对比分析

社会热点事件的筛选所提供的 2007~2011 年国内发生的与科学普及相关的社会热点事件为本章节的分析提供了完整的研究素材，为了阐明科学普及在调控社会热点事件发生率的作用，可以根据

2007~2011 年各类社会热点事件的发生次数做一下统计（如图 4-1 所示）。

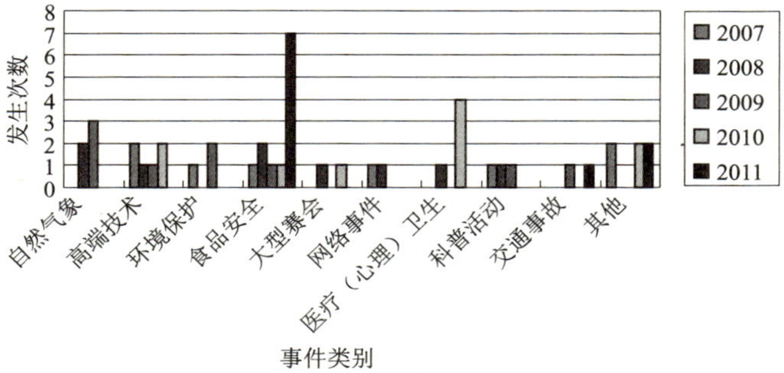

图 4-1　2007~2011 年社会热点事件发生次数

从图 4-1 可以清晰地看出，2007~2011 年，社会热点事件分布的领域较为分散，相对集中的领域主要有食品安全、自然气象、高端技术、医疗（心理）卫生以及环境保护等方面，其中食品安全和医疗（心理）卫生的发生次数出现反常态势，尤其是在 2010 年医疗（心理）卫生类的社会热点事件发生了 4 次，而在 2011 年食品安全类的社会热点事件多达 7 次，出现这种现象有两个原因：一是公众关注焦点的倾向；二是科学普及力度的疲软。但是其他各类社会热点事件的发生次数整体出现一种平缓趋势，这说明科学普及在调控社会热点事件发生次数方面还是卓有成效，假以时日，医疗（心理）卫生类和食品安全类的社会热点事件的发生次数也将回归到平均水平。

为了分析各类社会热点事件在 2007~2011 年的发生率，不妨对 5 年间各类社会热点事件的发生次数作进一步换算（如图 4-2 所示）。

由图 4-2 可以看出，在 2007~2011 年，食品安全类的社会热点

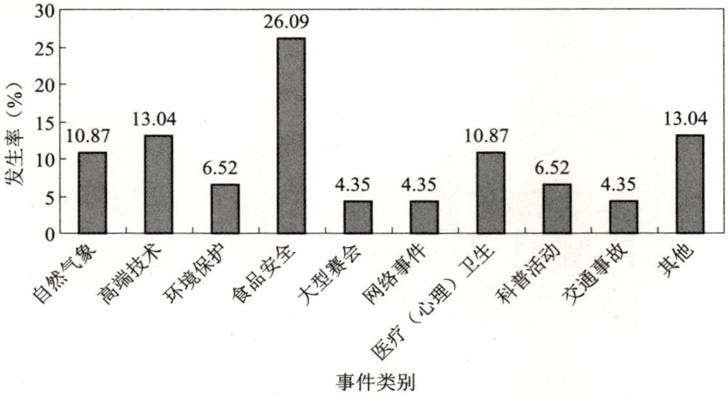

图 4-2　2007~2011 年社会热点事件发生率

事件发生率最高，几乎占研究素材的 1/3，高端技术和其他类的社会热点事件的发生率排在第二位，各占研究素材的 13. 4%，自然气象和医疗（心理）卫生这两类社会热点事件的发生率也较高，各占研究素材的 10. 87%，相比而言，环境保护和科普活动这两类社会热点事件发生率较低，各占研究素材的 6. 52%，而在这 5 年期间发生率最低的是大型赛会、网络事件、交通事故，均占研究素材的 4. 35%。针对上述各类社会热点事件的发生率，可以更清晰地得出公众关注社会热点事件的倾向，以及科普在调控社会热点事件所显示出的缺失，由于当前民众生活水平普遍提高，人们更加注重生活质量和饮食健康，食品安全类的社会热点事件发生率最高，达到 26. 09%，远远高于其他类别社会热点事件的发生率；而环境保护、科普活动、大型赛会等类型的社会热点事件的发生率均在一定水平上波动，没有出现特高或特低情形。这说明在科学普及的调控下，公众能够及时、有效地从科普授者处得到科学知识的弥补，对相关的社会热点事件也相应有新的认识和了解，因而社会热点事件的发生率得到一定的调控，虽然受公众兴趣偏好的影响，导致其关注焦点过于集中，使某类社会热点事件的发生率出现非正常化趋势，但是整体而言，社会热点事件的发生率在科学普及的调控作用下呈现一种合理化水平，而食品安全类的社会热点事件在科普的调控下回归常态也是大势所趋。

4.2.2 科学普及调控社会热点事件发生率的运行机制

从2007~2011年社会热点事件发生率对比分析来看，科学普及对社会热点事件发生率的调控成效显著，在相当程度上将社会热点事件的发生率控制在一定范围。由于科学普及属于社会综合系统事务，因此科普对社会热点事件的发生率调控过程必须通过一套运行机制来实现，科普的机制是否健全完备和科学有效，是发挥科普调控功能和作用的关键。科普对社会热点事件发生率的调控运行机制主要包括科普的整合机制、科普的协调机制两个方面。

（1）科普的整合机制

科普的整合机制是将科学技术生产系统、科学技术传播系统、科学技术接受系统保持整体协调的有机结合。社会热点事件的发生都可以作为科普整合的对象，即把科学技术生产系统通过传播系统有机地与接受系统连接起来，实现科学知识、科学思想、科学方法、科学精神不断向公众普及，以及公众不断主动接受处理、分配消化、信息反馈，形成一个受内在规律支配的有机结合的科普整体，通过整合，形成利用一切环境中的有利条件（如优化配置社会科普资源），克服环境中不利因素（如封建迷信和一切伪科学等）的具有自组织的耗散结构，通过多种配置方式、结构优化、手段改善、渠道扩展等，促进科学技术知识、信息流通量的最大化，形成社会公众主动接受科普、积极组织科普、自我学习、终生学习的科普双向互动的良性机制。在科普整合机制的作用下，科普动态地、有机地融入公众的物质生活和精神生活中，提高了公众科学素养，从而对具有正面效应和负面影响的社会热点事件起到引导和控制作用，使社会热点事件的发生率在一定水平上下波动，个别例外情况也会在科普的整合机制作用下，向正常水平回归。因此从这个角度来讲，科普的整合机制强调的是对社会热点事件发生率调控的一种“自适应”过程，通过科普授者与受者的双向互动，达到“自动化”调控社会热点事件发生率的功能。

（2）科普的协调机制

科学普及是一个开放的、社会的、文化的、生态的、紧急的、政治的复合大系统。科普的协调机制即在人的参与下，遵循科普的客观规律，以提高公众科学文化素质为目标，通过定向、调节、推动、控制等手段来优化结构，把握方向，使系统处于运行的最佳状态。在社会热点事件发生过程中，科普通过目标定向，使科普活动避免步入工具理性的“误区”，把握和及时调整路线方向（如分辨不清科学与迷信、科学与伪科学、科学与反科学等），让公众自觉崇尚科普的科学理性。同样，在科普传播系统中，科普通过组织结构协调，形成优势互补，树立了科普社会化、群众化、经常化的思想观念，达到科普在组织上的协调，做到协作行动，发挥社会组织之间的“1+1>2”协同效应。与此同时，科普通过要素结构的协调，将科普资金、科普授者和受者、科普媒介等要素调动起来，进行优化配置，使科普资源的利用效率最高，科普产出功能最大限度地发挥，公众的科普收益率最大限度地提高。基于此，社会热点事件的发生率总是受科普的协调机制影响，从而呈现合理化水平。因此，科普的协调机制可以理解为对社会热点事件发生情况的一种定向引导和协同作用过程，强调的是立足科普授者，通过协调机制对社会热点事件的发生率发挥很好的调控作用。

4.2.3 科学普及调控社会热点事件发生率的具体表现

正如前文所述，科学普及通过整合机制实现对科普授者和受者的双向互动的自动化调节，而通过协调机制对社会热点事件的发生情况进行定向引导和协同作用，使社会热点事件的发生率在这两种机制的调控下总体表现合理有序。

针对 2007~2011 年国内发生的与科学普及相关的各类社会热点事件年发生率，可以更加明晰科普在对社会热点事件的发生率发挥的调控作用。自然气象方面，2008 年和 2009 年先后发生了汶川大地震、南方地区“雪灾”、青海玉树地震和舟曲泥石流以及日全食等热点事件。在 2008 年 5 月 12 日四川汶川特大地震发生后，中国科协、一些出版社和多家媒体及广播电台立即开展科普活动，通过宣传有关抗震救灾、外伤急救、防病防疫、心理调适等方面的内容来提高公众的科学素质。正是科普对热点事件的这种调控作用使民众在面对南方地区“雪灾”、青海玉树地震和舟曲泥石流等自然灾害时有了经验可依。而在日全食问题上，从古到今由于受“天狗吃月”思想的影响，这类天文现象一直充满神秘感，在科学普及的作用下，人们的天文知识得到补充，逐渐学会用科学的态度去审视这一天文现象。虽然自然灾害和天文现象超出了人们的可控范围，但是通过科普的整合和协调，这类社会热点事件的发生率主要集中在 2008 年和 2009 年（如图 4-3 所示）。因此，从这个层面上讲，这两年自然气象类的发生率非常密集也在情理之中。

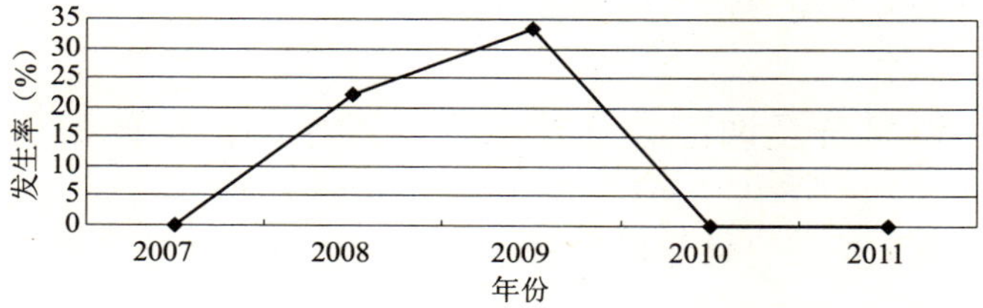

图 4-3　2007~2011 年自然气象类社会热点事件发生率

高端技术方面，从 2007 年的“嫦娥一号”发射成功，到 2010 年的京沪高铁全线开通，无疑给广大民众带来了科普的春天。无论是航空科技还是高铁技术，都填补了公众在此类知识方面的空白，从而对这类事件不再感到陌生。公众对高端技术也产生了极大的热情，出现如 4-4 所示的折线。

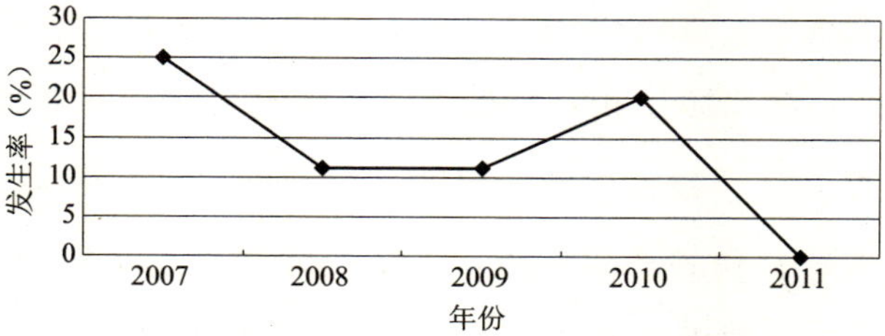

图 4-4　2007~2011 年高端技术类社会热点事件发生率

环境保护方面，太湖蓝藻事件和广州垃圾焚烧项目争议升温敲响了人们污染环境的警钟，而“低碳经济”的流行展现的则是一种大势所趋的生活理念。对于前者，科学普及通过调节、控制等手段来优化结构，避免这类事件再次发生，对于后者，科普则是通过定向、推动等手段来引导此类事件的积极效应（如图 4-5 所示）。

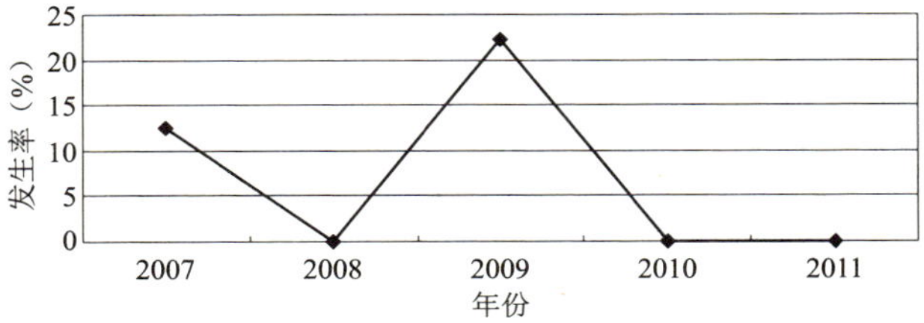

图 4-5　2007~2011 年环境保护类社会热点事件发生率

2007~2011 年，食品安全类的社会热点事件几乎占了整个研究素材的 1/3，可以说将食品界搅得天翻地覆，给公众带来极大的恐慌，让人们对食品安全产生极大的怀疑。最近发生的染色馒头事件、食品添加剂（塑化剂）事件等都给科普带来了挑战，尤其在 2011 年这类事件的发生率出现反常现象（如图 4-6 所示）。事实上，科学普及总是伴随着社会热点事件的发生过程，并不断引导和调节公众的兴趣偏好，在科普的作用下，公众逐步掌握食品安全知识和化学原理，假以时日，这种反常定会回归合理。

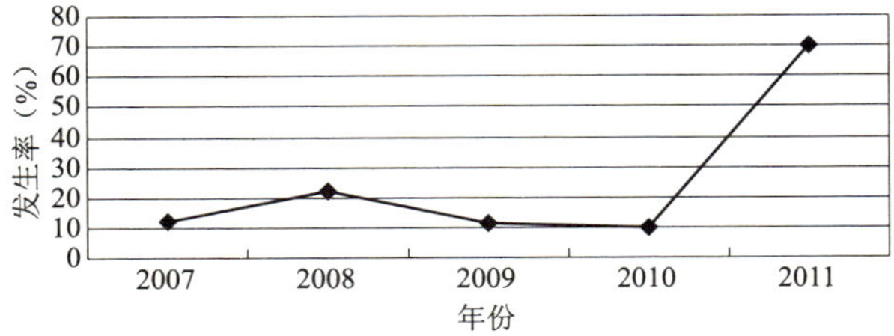

图 4-6　2007~2011 年食品安全类社会热点事件发生率

大型赛会方面以 2008 年北京成功举办奥运会和 2010 年上海成功举办世博会最为典型，这两次盛会对于指导广大市民选择科学、健康的生活方式具有现实意义，在一定程度上激发了民众的科普热情，因此在 2008 年和 2010 年这类事件发生率达到峰值。

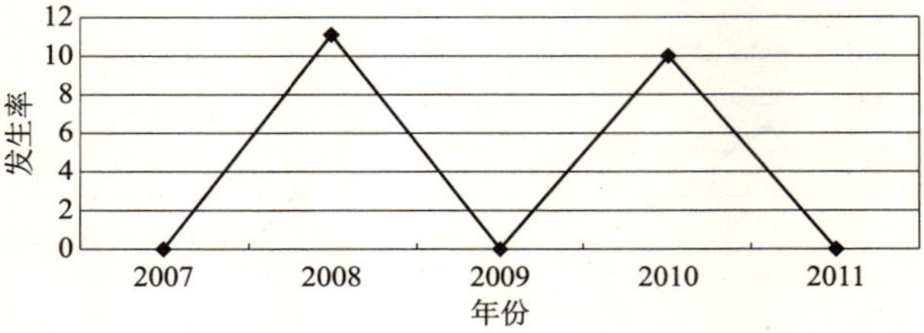

图 4-7　2007~2011 年大型赛会类社会热点事件发生率

网络事件方面，“熊猫烧香”病毒案和恐怖的“人肉搜索”曾经轰动一时，在科学普及的调控下，网络安全和健康的网络环境已经成为广大网民的共识。因此在 2008 年以后的 3 年网络事件相当沉寂（如图 4-8 所示）。

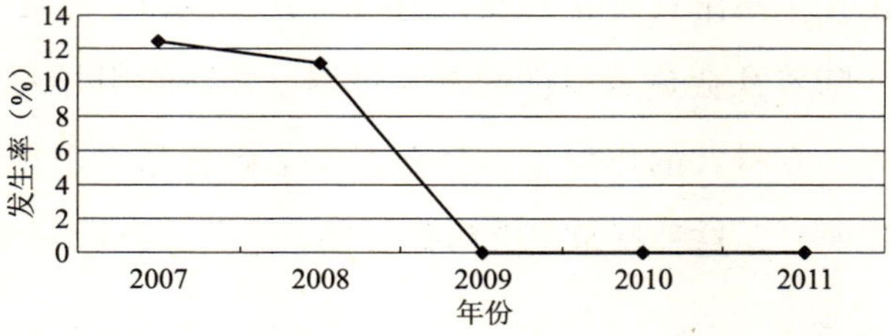

图 4-8　2007~2011 年网络事件类社会热点事件发生率

医疗（心理）卫生方面，如 2008 年爆发的手足口病；2010 年“超级细菌”引发滥用抗生素的关注，我国公务员招录取消“乙肝体检”以及富士康员工连续 14 次跳楼事件，这在一定程度上反映了科普的迫切性，在科普的作用下，2011 年这类社会热点事件发生率大大降低，说明科普调控效果十分显著（如图 4-9 所示）。

科普活动方面，北京天文馆建馆 50 周年带来了广大人民普及天

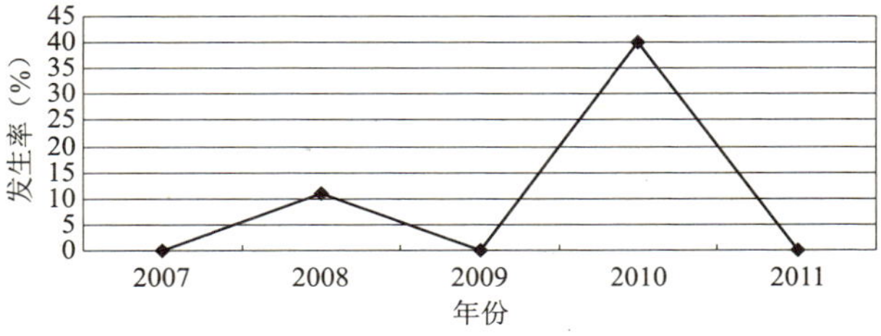

图 4-9　2007~2011 年医疗（心理）卫生类社会热点事件发生率

文学为主的自然科学知识的狂潮，50 年来，北京天文馆在几代国人的心中留下了美好的印象；科学松鼠会作为青年自发活动的科学传播者俱乐部，为科普事业作出巨大贡献；而全国首届“防灾减灾日”科普活动正式启动，为广大公众学习并掌握防灾减灾知识和避灾自救技能，提高综合减灾能力提供了一个很好的平台。这些社会热点事件都与公众的关注焦点息息相关，因此 2009 年之后这类社会热点事件的发生率出现下降趋势（如图 4-10 所示）。

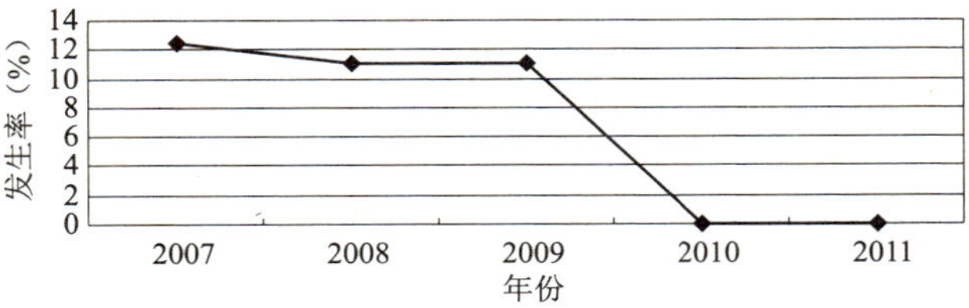

图 4-10　2007~2011 年科普活动类社会热点事件发生率

交通事故方面以 2009 年成都“6·5”公交事故和 2011 年“7·23”甬温线特别重大铁路交通事故最有代表意义，这两件交通事故对于指导公众如何逃生具有一定的现实意义。因而出现如图 4-11 所示的此起彼伏型折线。

在其他类型的社会热点事件方面，继绿豆名医张悟本、气功大

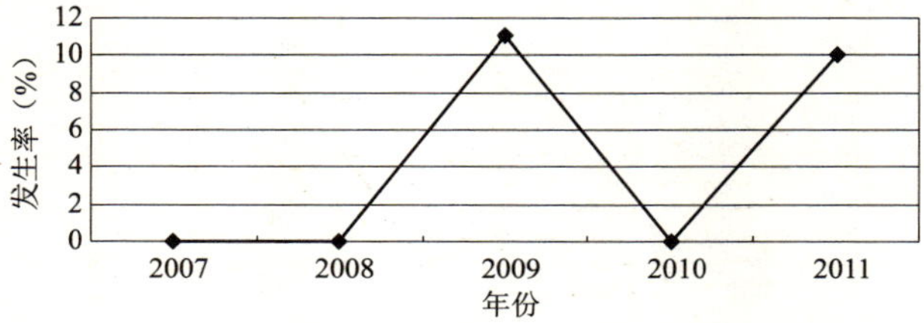

图 4-11　2007~2011 年交通事故类社会热点事件发生率

师严新之后，又一位所谓的养生大师——重庆缙云山绍龙观住持李一道长“粉墨登场”，他们不合常理的伪养生骗局在科学普及规范的调控下逐一被揭穿。2011 年，由于受日本福岛地震和核辐射污染谣传的影响，我国部分城市出现了食盐抢购现象，部分小超市、小卖部食盐在短时间内一抢而空，一时间整个社会被一种空前恐慌的情绪所包裹。“抢盐事件”最终随着盐业主管部门的辟谣和科学普及的推进而逐渐平息，也让社会生活恢复了正常秩序。这些热点事件在一定程度上带有负面效应，而且公众很容易受此类事件蛊惑，因此科学普及在调控过程中不会一帆风顺，而是呈现出一种科普授者与受者之间不断“斗争”的过程，图 4-12 可以很好地反映科普对此类事件发生率的调控作用。

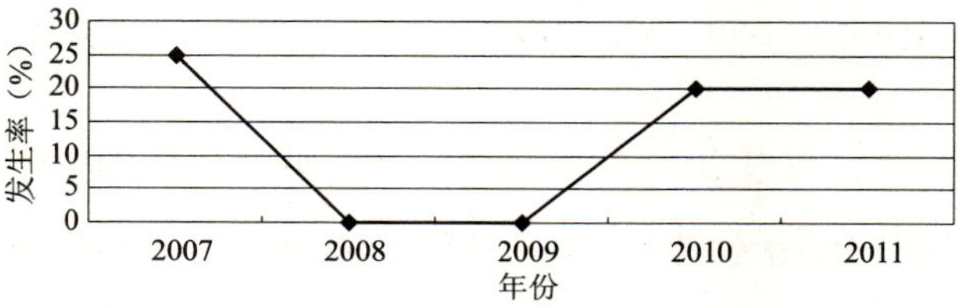

图 4-12　2007~2011 年其他类社会热点事件发生率

综上，在社会热点事件的发生过程中，科学普及通过整合和协调机制将科学知识、科学思想、科学方法、科学精神不断地普及给公众，最大限度地实现科普授者与受者的双向互动，从而使社会热点事件的发生率在科普的调控下呈现一种合理化水平。

4.3 科学普及引导社会热点事件形成及演化进程

当前发生的一系列与人们生活息息相关的社会热点事件都会经历一个形成、发展、演化乃至终结的过程，而在这个过程中总离不开科学普及的作用，那么科学普及是如何引导社会热点事件的形成及演化进程的呢？这可以从科学普及的动力机制和发展机制中找到答案。

4.3.1 科学普及引导社会热点事件形成及演化进程的运行机制

科学普及运行机制中的动力机制是保持科普系统正常运行的能量子系统，是社会热点事件形成的动力；科普发展机制则是动态的与时俱进的社会综合系统，对社会热点事件演化起着促进作用。科学普及主要通过上述两个运行机制对社会热点事件形成及在演化进程中发挥引导作用。

（1）科普的动力机制

科普的动力主要来自科学技术的内在要求和社会发展的外部要求。从科学技术内部看，科普内在动力主要来源于科学技术自身发展的内在推动力。首先，公众必须掌握科学技术。其次，科学技术需要公众的理解和支持。再次，科学技术需要实现它的价值。最后，科学家与公众之间的知识落差。从外部看，科普动力来自系统的外在投入。科普的动力机制是保持科普能量正常供给的系统保障，显像化地表现为科普工作者积极性、创造性、责任性，社会公众对科学技术的态度、需求、接受能力、获取能力等，以及资金、科普要素投入等。通过科普的动力机制一方面争取广大公众对科学技术的了解和支持，另一方面通过外部动力能量的输入激发公众的科普兴趣，调整公众关注焦点，从而引导社会热点事件的形成。

（2）科普的发展机制

科普系统属于社会综合性事物，它受到社会各个方面因素的影响，随着政治、社会、经济、科技、文化等发展而发展，同时也影响和促进政治、社会、经济、科技、文化等的发展。第一，科普是一个动态系统，一方面，科学技术知识随着科学技术飞速发展而不断增多；另一方面，科学技术的发展影响着科普的途径、工具、手段。第二，由于科普对象的思想道德、思维方式、价值观念、文化习俗、生活方式、目标理想等是随着社会发展而不断变化，这些变化一方面直接影响到科普系统传播来的科学技术知识科学精神、科学方法的出口畅通和公众受益，另一方面也会向普及传播系统进行反馈，引起系统结构的调整和变化。第三，科普传播一方面受到科普内在发展规律的支配，另一方面受社会环境的影响也相当大。具有这些特性，科学普及系统随时处在一个与社会发展相随的时空序列中，不断适应社会发展，满足公众的需求，在一定程度上引导社会热点事件的发展演化。

4.3.2 科学普及引导社会热点事件形成

社会热点事件形成过程会受到科学普及的影响，而科学普及的动力机制是保持科普系统正常运行的能量子系统，是社会热点事件形成的动力。下面以中国数字科技馆获联合国“2007 年世界信息峰会大奖”为例来具体分析科学普及是如何通过动力机制来引导社会热点事件形成的。

（1）社会热点事件形成的内动力

针对公众必须掌握科学技术和科学技术需要公众的理解和支持并最终实现它的价值这个特点，科学普及承载了推动社会热点事件形成的原始动力和根本动力，这种能量具体表现在人或团体、组织的积极性、创造性和责任感的调动、激励与发挥。就中国数字科技馆获联合国“2007 年世界信息峰会大奖”而言，首先，科技部建设科技基础条件平台项目——“中国数字科技馆”，是基于公众掌握科学技术和科学技术需要公众的理解和支持并最终实现它的价值这个特点，它的建成提高了为公众普及科学知识和科学技术的服务的水平及能力；其次，“中国数字科技馆”成功建设发挥了科普平台的作用，在一定程度上为宣传普及科技知识、提高公民科学素养作出了贡献，这种作用相应地激发和调动人或团体、组织的积极性、创造性和责任感。从这个角度来讲，科学普及的内动力发挥了应有作用。

（2）社会热点事件形成的外动力

社会热点事件的外动力主要来自科普系统外在的投入。科普属于耗散结构的社会综合系统事务，在运行过程中，科普系统要不断地与系统外进行物质、能量、信息的交换，还要克服环境的阻力，所以要保持系统的正常运行，就需要不断地输入新的动力能量。“中国数字科技馆”经过两年的建设，获得联合国“2007 世界信息峰会大奖”，这期间是一个不断地与系统外进行物质、能量、信息的交换、克服环境阻力的科普投入的过程。在社会热点事件形成的过程中，科普通过不断输出附着在公众身上思想、道德、观念、能力的等方式形成对该热点事件的外在推动力，一方面调动社会公众对科学技术的态度、需求、接受能力、获取能力，另一方面满足科普对象的动态需求，激发公众的科普兴趣，调整公众关注焦点，从而引导社会热点事件的形成。

4.3.3 科学普及引导社会热点事件发展和演变

科学普及系统随时处在一个与社会发展相随的时空序列中，不断适应社会发展，满足公众的需求，相应地，社会热点事件也会不断选择和适应这种过程。因此科学普及在一定程度上引导社会热点事件的发展演变，科学普及引导社会热点事件发展和演变在具有负面影响的事件中表现得更为典型。

2011 年，由于受日本福岛地震和核辐射污染谣传的影响，我国部分城市出现了食盐抢购现象，部分小超市、小卖部食盐在短时间内被一抢而空，一时间整个社会被一种空前恐慌的情绪所包裹。广大民众纷纷走上街头加入抢盐行列，最终形成了社会瞩目的“抢盐事件”。“抢盐事件”，首先，再次反映出我国公众的科学素养普遍偏低，对科学知识不能正确、充分的理解，各种偏激舆论和不良思想极为容易对公众产生误导，从而对一些社会事件和现象产生非理性、不科学的判断。在面对谣言时极易混淆是非曲直，进而引发群体恐慌。其次，在“抢盐事件”的发展演变过程中，没有脱离科学普及的引导作用。科普系统随着政治、社会、经济、科技、文化等发展而发展，同时也影响和促进政治、社会、经济、科技、文化等的发展。在“抢盐事件”中，民众一是担心食盐由于受地震和核辐射污染而影响其正常食用功能；二是受谣言影响，担心库存不足，而导致食盐价格会大幅上涨。民众的这种担心加剧了整个事态的发展，广大民众纷纷走上街头加入抢盐行列，部分小超市、小卖部食盐卖断货，食盐市场告急。此时如果没有盐业主管部门及时辟谣，科学普及没有及时跟进，后果将不堪想象。因此，可以说科学普及在“抢盐事件”的演化过程中发挥了极为重要的引导作用。

最后，由于科学普及本身具有引导公众明辨是非，理性甄辨的功能，所以，民众在面对类似“抢盐事件”时，认知上也逐渐趋于理性。基于以上分析不难看出，科学普及引导社会热点事件的发展演变，在一定程度上加速了负面社会热点事件的终结。

4.4 科学普及规范社会热点事件的效应扩散

在当今信息网络社会中，各种各样的社会热点事件吸引着公众的视线，如何规范这些热点事件的效应扩散，是一个值得思考的问题。显然，当代科学技术越来越深刻地影响着人类的生产和生活方式，大力开展科普教育，全方位地提高公众的科学文化素质和技能水平，成为改造世界、推动历史前进的重要方面。因此，科学普及应该紧密结合社会热点事件，不断向公众弘扬科学精神，普及科学知识，传播科学思想和科学方法，来促进和控制社会热点事件的正面效应和负面效应扩散。

4.4.1 社会热点事件的效应扩散现象

法国经济学家佩鲁（Francois Perroux，1955）提出的“扩散效应”的重要思想在经济领域得到充分的应用。他从“增长极”的视角指出，非均衡是世界各国经济的发展的主要态势。从空间上看，不同地区的经济增长速度明显不同，其中主导产业和有创新能力的行业增速明显快于其他产业。由此，这些主导产业和有创新能力的行业的集聚，客观上可能在空间范围内形成一些颇具规模的增长中心。这种增长中心基本要素包括资本与技术，由于资本与技术的高度集中，从而产生具有规模经济效应，促进中心自身增长迅速，并对邻近地区产生强大辐射作用，久而久之形成一些地区和区内“位势”中心。这些中心的优先增长，带动周边地区的经济发展，进而通过不同的渠道向外扩散，最终对整个区域经济发展产生重要影响。经济学理论将这些中心地区称为“增长极”。在佩鲁之后，瑞典学者缪尔达尔（Myrdal）在《经济理论与不发达区域》（1957）中，认为“增长极”对周围地区可能会产生阻碍作用或负面影响，这种阻碍作用或负面效应即为“回浪效应”（backwash effect）。“回浪效应”集中表现为各生产要素从不发达区域向发达区域流动，客观上使区域经济差距不断扩大。与“回浪效应”相对应，“增长极”对周围地区的拉动作用或正面影响则称为“扩散效应”（spread effect），集中表现为各生产要素从发达区域向不发达区域流动，客观上有利于缩小区域发展差异。最后他认为，“回浪效应”是在“增长极”尚未达到规模之前，物质、能量、信息在发达地区集中的过程，该过程包括人才、资金、能源、原材料等的汇入与集中。而扩散效应恰恰相反。“增长极”理论将效应扩散看作增长过程中的自然现象，因此，社会公众在更多时候也将“回浪效应”称为扩散效应，视之为效应扩散的另一种类型。

“扩散效应”理论给研究社会热点事件效应扩散起到很好的借鉴作用。首先，多数社会热点事件，通过发展演变，在社会某个层面或领域易形成令公众瞩目的“增长极”，由“增长极”所产生的效应具有强大的辐射作用；其次，在当今网络传播的时代，社会热点事件本身的影响力能通过不同的多种渠道得以不断扩散；最后，由于社会热点事件本身的复杂性，其所产生效应扩散从属性来看，既有正面效应，同时也不可避免地产生负面效应。

4.4.2 科学普及促进社会热点事件的正面效应扩散

科学普及的基本任务就是普及科学技术知识，倡导科学方法，传播科学思想，弘扬科学精神。所以，针对当前的一系列与人们生活息息相关的具有正面效应的社会热点事件，应该通过科学普及来扩大事件本身的影响力，促进其正面效应扩散。

2007 年“嫦娥飞天”、首列动车在上海正式始发；2008 年北京成功举办奥运会、“神舟”七号“载人飞船”实现太空行走；2009 年全球开启 3G 时代；2010 年上海举办世博会、“嫦娥二号”卫星发射成功、京沪高铁全线开通……这些社会热点事件无疑使公众精神振奋，无论是高端技术，还是天文常识，抑或是大型赛会，它们所产生的效应是积极的，具有正面的价值。“嫦娥”的飞天和“神舟”七号“载人飞船”实现太空行走给公众普及了天文知识和航天技术，点燃了公众对科技的极大热情；奥运会和世博会的成功举办，对于指导广大市民选择科学、健康的生活方式具有重大现实意义；动车和高铁的开通则展现了我国高端技术的水平，让公众对高速铁路系统技术有了一定的了解。这种具有正面效应的事例还有许多，在此不一一列举。

反思上述社会热点事件，之所以能够产生如此大的扩散效应与科学普及的规范引导是分不开的。由于科普工作更重要的是传播，如何取得正确的、良好的传播效果，促进社会热点事件的正面效应扩散，对于提升全民科学素质有着重要意义。以“嫦娥飞天”为例，它给中国的科普工作提供了一次契机，俨然成为热点类科普“模板”，这种效应的扩散对于传播科学，普及航天技术起到了极大的推动作用，它点燃了公众对科技的极大热情。因此，从这个意义上讲，科学普及对此类社会热点事件的正面效应扩散起着促进作用。

4.4.3 科学普及控制社会热点事件的负面效应扩散

科学普及是面向公众普及科学技术知识，倡导科学方法，传播科学思想，弘扬科学精神的社会活动。而在复杂多变的环境中，一些社会热点事件的负面效应混淆了公众的视听，如何让公众走出误区，成为科普的重要任务。通过开展科学普及可以控制社会热点事件的负面效应扩散。

从2007~2011年食品安全类的社会热点事件频频占据我们的视线，从“泔水油”事件到“三聚氰胺”事件，再到后来的染色馒头和食品添加剂（塑化剂），这类事件无疑给广大民众带来了巨大的心理负担；汶川大地震、青海玉树地震、舟曲泥石流等自然灾害给公众人身和财产造成了极大的损失；而近几年养生大师们的“粉墨登场”又给健康养生带来了巨大的挑战；2011年轰动全国的抢盐事件则是对社会正常秩序的一种冲击。很明显，这些社会事件，不论是天灾人祸还是谣言惑众，都给人们的社会生活带来了破坏性，甚至是毁灭性的影响。但是最为严重的影响莫过于这些社会热点事件所产生的负面效应的不断扩散，由此引发公众的困惑和不安。

正如前文所论述，科学普及是面向公众普及科学技术知识，倡导科学方法，传播科学思想，弘扬科学精神的社会活动。它可以让公众走出误区，行动趋于理性。最近发生的“抢盐事件”就是一个有力的证明。“抢盐事件”的盛行在很大程度上是因为公众科学素养普遍偏低，对科学知识缺乏充分的理解，以致民众易受到外界谣言的影响，事态的发展引发了民众的极大恐慌。在某种层面上，这种恐慌会加剧这一社会热点事件负面效应的扩散。实际上，从当前我国食盐市场讲，我国国内主要销售的是食用矿盐。所谓矿盐，都是从江西、湖北等地地下 3 米处提取的，这种食盐，没有任何污染，即使日本真的发生了核污染，也不会对这种矿盐造成任何负面影响，市民如果对海盐心存顾忌，完全可以放心选用矿盐。对于食盐库存不足的谣言，更是毫无根据。根据相关规定，我国的食盐在销售过程实行“双统一”，即统一包装、统一定价。另外，食盐销售一般都提前准备两三个月的库存，当前食盐库存量符合常规库存标准，完全可以保证市民的生活。试想，如果没有科学普及的规范作用，像这类社会热点事件必然会演化到不可收拾的地步，它所带来的负面效应也会加剧扩散。通过科学普及提高公众的认知能力和辨别意识，能在一定程度上控制此类社会热点事件的负面效应扩散。

总之，科普的任务决定了科普具有公益性、群众性、社会性、经常性和时代性的特点，在各类社会热点事件中，通过科学普及塑造公众科学的世界观、人生观和价值观，可以消除公众的愚昧心理，控制社会热点事件的效应扩散，促进人类社会的进步。

5 社会热点事件与科学普及互动机理

5.1 社会热点事件与科学普及的互动背景及基础

5.1.1 社会热点事件与科学普及的互动背景

由于信息技术的发展，人们从网上获取信息变得更为便捷，第一时间共享自己所获取的信息也成为可能。应该说，相比 20 世纪，社会公众的知识面变得更广，科普传播者与接受者之间的知识落差不断缩小，原来需要很长时间才能积累下来的知识和经验，现在通过网络马上就可以获取，但网络传递的不仅仅是知识，也包含了社会公众的情绪，社会“失范”效应在网络的高效传播下可以得到成倍的放大，这对科普的内容、形式都提出了新的要求。

科学普及是把人类在认识自然和社会实践中产生的科学技术知识、科学方法、科学思想、科学精神，通过多种有效的手段和途径向社会公众传播，为公众所理解和掌握，并不断提高公众科学文化素质的系统过程。社会热点事件可以作为科学普及素材，提供科学普及契机或者提升科学普及效应等，把科普有机地融入公众的物质生活和精神生活的、动态的、公众参与式的科普形式，越来越受到公众欢迎。

（1）互动机理的研究对象

社会热点事件与科学普及互动机理的研究对象是个体科普单位。个体科普单位指单个科普知识接受者、单个科普知识传授者（单位）和单个社会热点事件引发的科普互动等。

对于个体科普单位的考察，主要从三个层次逐步深入进行。第一个层次是分析单个科普知识接受者和单个科普知识传授者（单位）的科普行为。该层次主要分析单个科普知识传授者（单位）如何通过最优的科学普及方法获得最大的科普成效，单个科普知识接受者愿意获取多大科普知识量以满足社会热点事件所需或日常生活所需。第二个层次是分析单个社会热点事件影响下的某项科普知识的科普均衡。这种与单个社会热点事件对应的均衡科普水平，主要取决于作为单个热点事件中所有的知识接受者和所有的知识传授者（单位）所能采取的最优科普行为以及这些行为间的相互作用。第三个层次是分析所有的单个社会热点事件影响下的科普均衡的共性。这种共性是作为所有单个社会热点事件中知识接受者和所有的知识传授者（单位）相互作用的结果，或者说，是社会中所有科普知识接受者和科普知识传授者（单位）在社会热点事件中在作出最优科普行为后的结果。

（2）互动机理的研究基础

加芬克尔提出的“本土方法论”理论认为，社会互动是由形成人们正常交往基础的规则所决定的，这些规则通常被认为是理所当然、心照不宣的。但是，如果违背了这些规则，互动就不能顺利进行。实际上，互动不是随意的，它有一定的程序、规范与过程，即

“蓝图”。正是人们在日常交往中形成了相对稳定的、可以理解的互动“蓝图”，人们的互动才成为可能，而找出这种“蓝图”正是本研究的目的。

应该说，科普知识的传授者（单位）的科普行为是为了他人的需要而无偿地转让资源的互动方式，是一种互助的行为。作为一种完全不以报酬为目的的行为，互助既不同于为实现共同目标而相互配合的合作行为，也与你帮我、我帮你的简单式社会交换迥然相异。从科普角度来看，科普互动双方的地位并不对等：科普知识的传授者（单位）的一方是互助行为的发出者，处于积极主动的地位；科普知识接受者的一方是互助行为的受惠者，处于消极被动的地位。

冲突是与互助对立的一种行为方式。社会热点事件与科学普及互动的过程中也会存在冲突。正如小罗宾·威廉斯（Robin Williams）所认为的，运用冲突理论可以很好地解释在社会热点事件中政府偶尔会扮演的负面角色，政府通过控制真实信息和科普传播以达到控制事态发展的目的。

正如前文所提到的，科普内在动力主要来源于科学技术自身发展的内在推动力，主要有以下几个方面：第一，公众必须掌握一定量的科学技术。第二，科学技术需要公众的理解和支持。第三，科学技术需要实现它的价值。第四，科学家与公众之间的知识落差。科普通过政治、文化“嵌入”社会热点事件形成、演化和终结的过程，动态地、有机地融入公众的物质生活和精神生活，进而提高公众科学素养，从而对具有正面效应和负面影响的社会热点事件起到引导和控制作用，从而使社会热点事件的发生率在一定水平上下波动。

（3）互动过程的构想

在具体阐述社会热点事件与科学普及互动机制之前，可以对它所涉及的领域作一大胆构想，以便大致把握社会热点事件与科学普及互动体系的框架（如下图 5-1 所示）。

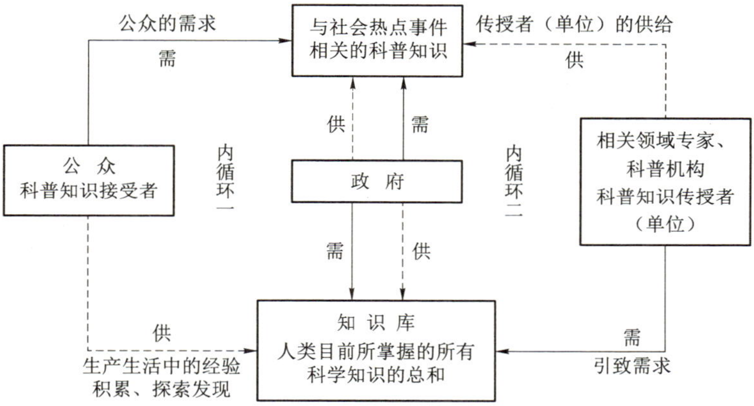

图 5-1　社会热点事件与科学普及互动过程循环图

该图的左、中、右两个方框分别表示科普知识接受者、政府和科普知识传授者（单位）。科普知识接受者是指公众，政府是指相关的政府机构，科普知识传授者（单位）是指相关领域专家和科普机构，需要说明的是，此构想框架中的科普知识接受者、政府和科普知识传授者（单位）都具有双重的身份：单个科普知识接受者和单个科普知识传授者（单位）分别以知识的需求者和知识的供给者的身份出现在社会热点事件中，又分别以经验的供给者和经验的需求者的身份出现在人类知识发展的过程中；而政府居于其中，对于公众它可以扮演科普机构供给的角色，对于科普机构也可以扮演公众需求的角色，形成了两个“内循环”。图的上方和下方分别表示与社会热点事件相关的科普知识和人类知识的发展。知识在社会热点事件中表现为专业的、科学的、学术的知识，可用于答疑解惑，开启民智；在人类知识发展中表现为劳动群众在生产生活中的经验积累和探索发现，可用于科学研究的线索和素材。由此，科普知识接受者、政府和科普知识传授者（单位），由于相关社会热点事件的发生而出现知识的互动供求关系而构成一个整体。图中的一切知识需求关系都用实线表示，一切知识供给关系都用虚线表示。

从图中的公众方面看，劳动群众在生产生活中积累了大量的经验，如十进制算法、对于节气的掌握等；又因为在劳动一线发现了大量前所未有的事物，如奇特的现象、罕见的植物和动物等，出于人类发展的共同需要，单个公众会把这些知识共享给人类。但由于信息传播的局限，该类信息无法被所有人所掌握，而社会热点事件提供了契机让公众得以掌握这些知识。从图中的科普知识传授者方面看，同样也是出于人类知识发展的追求，科普知识传授者（单位）的行为首先对公众的经验和发现进行深入研究，对信息进行归纳总结，透过现象看到本质，提取出知识的精华（或者换一种表达方式以便于科普知识传播），然后，在社会热点事件发生后，把这些经过加工处理后的知识传授给公众，让那些原本没有掌握该方面知识的人得以看清事件的真相，以限制“社会失范”，扩大正面效应并有效控制负面效应。

通过对图 5-1 的介绍，可以清楚地看到：在完全无私的条件下，无论是在社会热点事件中，还是在人类知识发展的过程中，单个科普知识接受者、政府和单个科普知识传授者（单位）的活动都表现为在科学普及的过程下共同追求人类知识发展最大化的过程。正是在这一过程中，每次社会热点事件的发生和每次人类知识的发展，都实现了科普供求相等的均衡状态。在这样的完全无私的均衡状态中，所有的经验和发现都被无条件地共享，所有的专业知识都被无条件地传授，公众的科学水平得到了最大的提高，科普机构也在与公众的互动中获得了最新最全的研究线索和素材，从而为更好地促进科学发展奠定基础。

5.1.2 社会热点事件与科学普及的互动基础

（1）社会热点事件与科学普及互动机理的前提假设

社会热点事件与科学普及互动机理的建立是以一定的假设条件作为前提的。在社会互动分析中，根据所研究的问题和所要建立的理论的不同需要，假设条件存在着差异。本书的基本假设就是把所有与互动过程相关的人（单位）假设为“具备学习能力”和“愿意无私共享”。

“具备学习能力”，是指在社会热点事件与科学普及互动过程中的所有人（单位）都有“求知欲”，愿意去学习科学知识并不断提高自身的科学水平。当然，并不是所有的科普知识都可以被人（单位）在日常工作中所需要，人（单位）不需要也不可能完全掌握人类知识库中所包含的所有知识。但是，当社会热点事件发生时，人（单位）为了自身的利益和人类的发展必然会主动学习相关领域的专业知识，并将所学到的知识用于应对社会热点事件，只有这样才是“具备学习能力”的人。

“愿意无私共享”，是指：人（单位）都愿意为了人类的共同发展而贡献自己所掌握的科普知识，用于科普的知识并不能为单个的人（单位）产生排他性的利益，因为在面对某个知识领域时，所有单个的人（单位）都是作为一个整体来面对的，人（单位）只有共享自己所掌握的知识才能让知识的效用最大化，才能推动人类整体的共同发展。尽管人类社会很多的知识可以产生排他性的利益，如经济利益、政治利益等，但本书所讨论的科普知识更多是为了维持社会稳定、生活幸福而存在的基础性知识，因此将其界定为“必需品”，而不是“奢侈品”。

“具备学习能力”和“愿意无私共享”的假设条件是社会热点事件与科学普及互动机理分析的基本前提，它将多次出现于下文的论述之中。

（2）公众知识水平的划分

公众知识水平的合理划分是建立社会热点事件与科学普及互动机制的基础，本书将结合我国现有的教育体制对公众的知识水平进行划分。

在我国目前的教育体制中，公众知识水平根据小学以下、小学、初级中学、高级中学、大学本科和研究生、研究生以上等六种基本学历进行划分，其分别对应无知、初等、普通、中等、高等、专家六个等级，并赋以从0~5的五种分值（详见表5-1）。

表5-1　公众知识等级划分表

学历	小学以下	小学	初级中学	高级中学	大学本科及研究生	研究生以上
等级	无知	初等	普通	中等	高等	专家
分值	0	1	2	3	4	5

按照我国教育的学科门类划分，并结合社会热点事件的分类和科学普及的内容，可将公众知识门类划分为国语、数学、外语、化学、物理、生物、政治、历史、政治经济学等九个基础门类，每个门类的内容以教育部指定教材对于学生的要求为限，每个门类的权重为$\frac{1}{9}$。

如果单个人（单位）掌握的知识超出这九个基础门类，如网络技术、船舶技术等，可在九大门类的基础上添加新的门类，则公众知识水平函数就可以表示为：

$$G = \frac{1}{n}\sum_{j=1}^{n} G_i = 1,\ 2,\ 3,\cdots,n \tag{5.1}$$

式中，n 表示单人（单位）所掌握的知识门类总数，G_i 表示某一科学门类所达到的等级分值。

（3）科学普及的效用论

科普效用是对科学普及满足社会热点事件中公众需求效率的一种客观评价，或者说，科普效用是指科学普及的有效程度。某项科普知识对公众是否具有效用，取决于公众在多大程度认为该项科普知识与自己的生产生活相关，以及学习这项科普知识的欲望。很显然，科普效用与人类整体科技的发展相关，与社会热点事件的发生也有很大的关联性。科普效用与科学普及的实际效果联系在一起，是对科普有效程度的一种客观评价。

为便于衡量科普的“有效程度”，本书将运用基数效用的概念，基数是指 1，2，3，…，基数是可以加总求和的。例如，基数 3 加 9 等于 12，且 12 是 3 的 4 倍等。西方经济学家普遍使用基数效应来分析价值规律，将效用比作长度、重量等概念，用于具体衡量加总求和，具体的效用量之间的比较是有意义的。[1] 在科普效用的计量中，表示效用大小的计量单位被称作效用单位。例如，关于学习高端生物技术和救生常识的效用分别为1效用单位和10效用单位，则可以说学习这两项科学知识的科普效用为11个效用单位，且后者的科普效用是前者的10倍。

本书将科普效用区分为总科普效用（Total Scientific Popularization Utility）和边际科普效用（Marginal Scientific Popularization Utility），英文缩写为TSPU和MSPU，在下文的公式中表述为TU和MU。总科普效用是指：对单个科普知识接受者增加科学普及所产生的实际效用的总和；边际科普效用，是指对单个科普知识接受者增加一单位的科学普及所得到的实际效用的增量。假定科普知识传授者对单个科普知识接受者的科普工作量为Q，则总科普效用函数为：

$$TU=f(Q) \tag{5.2}$$

相应的边际科普效用函数为：$MU=\dfrac{\Delta TU(Q)}{\Delta Q}$ (5.3)

当科普工作量，及科普知识供给量趋于无穷小，即$\Delta Q\to 0$时有

$$MU=\lim_{\Delta Q\to 0}\frac{\Delta TU(Q)}{\Delta Q}=\frac{\mathrm{d}TU(Q)}{\mathrm{d}Q} \tag{5.4}$$

由表5-2中可见，当科普工作量由0增加为1时，总科普效用由0增加为5效用单位，总科普效用的增量即边际科普效用为5效用单位（5-0=5）。当科普工作量由1增加为2时，总科普效用由5效用单位上升为9效用单位，总科普效用的增量即边际科普效用下降为4效用单位（9-5=4）。依此类推，当科普工作量增加为6时，

[1] 高鸿业：《西方经济学：微观部分》（第四版），中国人民大学出版社2007年版，第71~72页。

总科普效用达最大值为 15 科普效用单位，而边际科普效用已递减为 0（15-15=0）。此时，科普知识接受者对该项科普知识的接受量已经达到饱和。当科普工作量再增加为 7 时，边际科普效用会进一步递减为负值即-1 效用单位（14-15=-1），总科普效用便下降为 14 效用单位了。

表 5-2 某项科普知识的科普效用表

科普工作量	总科普效用	边际科普效用
0	0	
1	5	5
2	9	4
3	12	3
4	14	2
5	15	1
6	15	0
7	14	-1

由此可见，在其他条件相对稳定的情况下，随着科普工作量的增加，科普接受者从该科普知识供给连续增加的每一知识单位中所得到的科普效用增量即边际科普效用是递减的。原因在于随着科普知识供给的增加，科普知识对接受者的知识水平提出了更高的要求，而与接受者生产生活的相关性也随之降低，接受者学习接受该项科普知识的意愿也相应地降低，科普效用最终无法保持高效。

5.2 社会热点事件与科学普及互动机理的构建

社会热点事件与科学普及的互动机理，是以科普教育供给和公众科普需求为基础，进而通过一定的程序和规范产生实际效用。因此，首先，需要分析科普教育供给和公众科普需求的基本原理，这是建立社会热点事件与科学普及互动机理的基础。其次，在此基础上，通过引入弹性的概念，来剖析科普教育供给和公众科普需求对社会热点事件引发的公众知识水平变动的敏感程度。最后，通过分析科普教育供给和公众科普需求共同作用下所形成的科普均衡状态，对社会热点事件与科学普及互动机理的最终目标和实际成效提出设想。

5.2.1 科普教育供给和公众科普需求的基本原理

（1）科普教育供给函数

科普教育供给，是指科普知识传授者在某个知识门类内，对各种不同知识水平的接受者愿意而且能够提供的科普知识的总量统计，简称为教育供给。根据上述定义，如果科普知识传授者只有提供科普知识的愿望，但没有提供科普知识的能力，或者目前人类所掌握的科学知识还不足以回应接受者提出的疑问，则不能形成有效的教育供给。

科普教育供给的总量取决于多种因素的影响，其中主要的因素有：公众的知识水平、人类知识的整体发展、科普知识传授者对接受者的预期、科普知识的学习难度。它们各自对教育供给的影响如下：

关于公众的知识水平。其与教育供给的基本关系是，公众的知识水平越高，科普教育的供给量就越小，二者呈现出反比关系。这主要是因为对于某项知识门类，人类在一定时期内所掌握的知识总量是固定的、有限的，知识水平越高意味着他所掌握的该项知识量越充足，越接近该项知识的总量，则科学普及能够带给公众的知识量会更加有限，换句话说，就是“能教的越来越少”。相反，如果公众的知识水平很低，则科学普及可以传授给公众的知识量会十分可观，因为“能教的有很多”。

关于人类知识的整体发展。其与教育供给基本处于正比关系，即人类知识的整体向前发展是一个事实，不断掌握的新知识持续地扩充着人类知识的总量，科普教育供给的总量也随之持续增长。比如，互联网的发展对科学普及在信息技术方面的知识总量提供了巨大的增量，钢筋混凝土的发明对科学普及在建筑科学方面的知识总量提供了巨大增量，而教育供给总量也在这些科技发展的过程中获得了巨大提升。

关于科普知识传授者对接受者的预期。这里的预期，主要是指传授者对接受者在多大程度上愿意接受某项知识的预期，如果传授者认为某项知识将对公众的生产生活产生重大影响，不掌握该项新知识将使正常稳定的社会秩序面临巨大挑战，则科普知识的传授者将相应提高教育供给量。

关于科普知识的学习难度。不同门类科普知识的难易程度是不一样的，比如公众很容易就能学会电磁炉或天然气灶的基本使用方法，因为这与他们的生活密切相关，不掌握这些知识他们将无法下厨做菜；相应地，想让公众掌握电磁炉和天然气灶的工作原理就比较难，因为这些将涉及物理和化学的专业知识，如果没有相应的科学素养是无法理解这些知识的。所以，越容易学的科普知识，教育供给就越大，反之则越小。

所谓教育供给函数，是表示科普教育供给量和影响科普教育供给的各项因素之间的相互关系。也就是说，在以上的分析中，影响科普教育供给的各个因素是自变量，科普教育供给量是因变量。客观上，某项科普知识的教育供给量是所有影响因素关系总和的函数。如果对所有因素同时进行分析，会使问题变得极其复杂，由于在社会热点事件与科学普及的互动机理中，公众的知识水平是决定科普教育供给量的最基本因素，为将问题简化，假定其他影响因素保持不变，只分析公众知识水平对科普教育供给的影响，即把教育供给量仅仅看作公众知识水平的函数，于是，教育供给函数就可以用下式表示：

$$Q^S = f(P) \tag{5.5}$$

式中，P 为公众知识水平；Q^S 为科普教育的供给量。

（2）科普教育供给表和教育供给曲线

教育供给函数 $Q^S = f(P)$ 表示科普教育的供给量和公众知识水平之间存在着一一对应的关系。这种函数关系可以分别用科普教育供给表和教育供给曲线加以表示。

科普教育供给表是表示在某项知识门类里，各种不同的公众知识水平与其相对应的科普教育供给量之间关系的数字序列表。表 5-3 是某项知识门类的科普教育供给表。

表 5-3　某项知识门类的科普教育供给表

教育—知识水平组合	A	B	C	D	E	F
知识水平	0	1	2	3	4	5
教育供给量	500	400	300	200	100	0

从表 5-3 可以清楚地看到科普教育的供给量和公众知识水平之

间的函数关系。比如，知识水平为 0 时，教育供给量可以达到 500 单位；当知识水平上升为 2 时，教育可供给量下降为 300。

教育供给曲线，是根据科普教育供给表中不同科普教育—知识水平的组合，在平面坐标图上所绘制的一条曲线。图 5-2 是根据表 5-3 绘制的一条教育供给曲线。

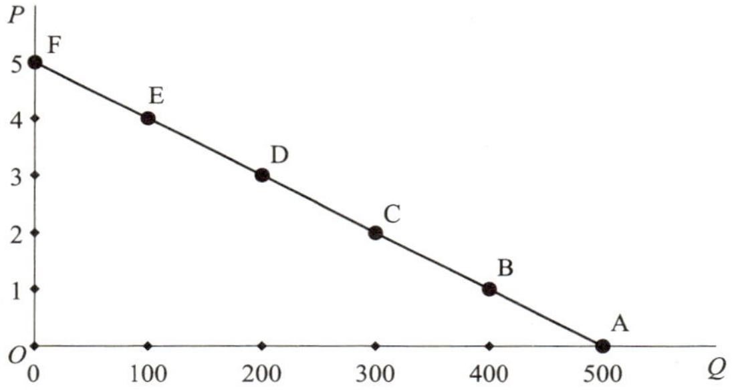

图 5-2　某项知识门类的科普教育供给曲线

在图 5-2 中，横轴 OQ 表示科普教育的供给量，纵轴 OP 表示公众知识水平，在分析时以纵轴表示自变量 P，以横轴表示因变量 Q。图中的教育供给曲线是这样得到的：根据表 5-3 中不同的科普教育—知识水平组合，在平面坐标图中描绘相应的各点 A、B、C、D、E、F，然后顺次连接这些点，便得到教育供给曲线 $Q^S=f(P)$，以表示在不同知识水平的接受者对应的科普教育供给量。所以，教育供给曲线是以几何图形来表示科普教育的供给量和公众知识水平之间的函数关系的。假定公众知识水平和对应的科普教育的供给量具有连续性，所以将图 5-2 中的各个组合点 A、B、C、D、E、F 连接起来，从而构成一条光滑的连续的教育供给曲线。

在实际的数据分析中，教育供给曲线并不必然是图 5-2 中的曲线，更多的时候是曲线型的。当教育供给函数为线性函数时，相应的教育供给曲线是一条直线，直线上各点的斜率是相等的。当教育供给函数为非线性函数时，相应的教育供给曲线是一条曲线，曲线上各点的斜率是不相等的。本章的分析主要采用线性函数，线性教育供给函数的通常形式为：

$$Q^S = \alpha - \beta \cdot P \quad (5.6)$$

式中 α、β 为常数，且 α、$\beta>0$。该函数所对应的教育供给曲线为一条直线。

建立在教育供给函数基础上的科普教育供给表和教育供给曲线，都较为直观地反映了科普教育的供给量和公众知识水平二者之间的关系。从表 5-3 可见，科普教育的供给量随着公众知识水平的上升而下降，在图 5-2 中的教育供给曲线具有一个明显的特征，它是向右下方倾斜的，即它的斜率为负值。它们都表示科普教育的供给量和公众知识水平之间呈反方向变动的关系。

（3）公众科普需求函数

公众科普需求，是指在某个知识门类内不同知识水平的科普知识接受者愿意而且能够获取的该项科普知识的总量统计，简称为公众需求。根据上述定义，如果科普知识接受者对某项科普知识只提出了进一步学习了解的欲望，但目前人类知识水平还不足以回应接受者提出的疑问，或接受者想要了解的本身就是伪科学的内容，则不能形成有效的公众需求。

公众科普需求的总量取决于多种因素的影响，其中主要的因素有：公众的知识水平、社会热点事件的推动、科普知识接受者对传授者的预期、科普接受者的个人偏好。它们各自对公众需求的影响如下：

关于公众的知识水平。在通常情况下，公众的知识水平越高，对科学普及的需求量就越大。随着知识水平的上升，科普知识接受者接触的知识门类越来越广，了解的程度也越来越深入，对科学普及也相应提出了更高的要求。比如，某人从初中开始接触核物理的概念，在这个阶段他只需要记住这个概念，而到了大学阶段，因为兴趣他主修了核物理专业，这时核物理对他来说已然不是一个空泛的概念，而是一个完整的研究领域。他需要学习核物理学科门类下的核聚变原理、核裂变原理、核物理运用、核电站建设等与核物理相关的知识，即随着知识水平的不断提高，他对核物理的知识的需求也在不断提升，直到他学习到该领域人类目前掌握的所有知识。再比如，50 年前互联网和计算机还没有普及，公众可以在信息技术缺失的环境下正常地生产生活，但到 2011 年，信息技术普及化程度已经很高，虽然基本的生产生活依然不受影响，但互联网和计算机无疑改变了很多领域的生产生活状态，如 2012 年春运期间有农民工致信铁道部，直言其买票资格被网购剥夺。[1] 可见，在当代社会，如果不掌握基本的信息技术，单个人（单位）将很难取得发展。这就在 50 年前科普需求的基础上增加了新的知识门类，科普需求量随之增加。

关于社会热点事件的推动。在信息传播不受限制的前提条件下，只要有社会热点事件发生，公众的科普需求就会发生变化，而且多数情况下，公众需求都会随着社会热点事件的发生而增加。比如在“抢盐”事件发生前，公众无须了解盐的生产以及核污染对盐的影响，因为这些知识与他们的日常生活无关，但是在事件发生后，公

[1] “重庆籍民工致信铁道部 信中直言网购车票太折磨”，载 http：//news. sohu. com/20120105/n331194623. shtml。

众对这些科普知识提出了需求，或者说因为公众在这方面知识的缺乏要求科普知识去填补这些空白，公众科普需求量也相应随之增加。

关于科普知识接受者对传授者的预期。这里的预期主要是指接受者在多大程度上相信科普知识授予者可以在多大程度上提供某项知识的预期。如果接受者认为某项知识门类的发展已经达到了很高的程度，可以解决大部分与他们生产生活相关的疑问，以确保社会秩序的稳定，则科普知识接受者倾向于相应提高自身的需求量。

关于科普接受者的个人偏好。当科普接受者对某项知识门类十分感兴趣，想要进一步了解的时候，偏好程度就会有所提升，因此也就会提高个人的科普需求。此外，如果该项知识门类的影响很广，很多人都会想要具体了解该项知识，公众整体的科普需求就会增加。相反，偏好程度减弱，需求量就会减少。

某项科普知识的需求量是所有影响该项科普知识需求量的函数。如果假定其他因素均不发生变化，仅考虑公众知识水平的变化对公众科普需求的影响，即把科普知识的需求量只看作公众知识水平的函数，则公众科普需求函数就可以用下式表示：

$$Q^d = f(P)$$

式中，P 为公众知识水平；Q^d 为公众科普需求量。

（4）公众科普需求表和公众需求曲线

公众需求函数 $Q^d = f(P)$ 表示公众科普需求量和公众知识水平之间存在着一一对应的关系。这种函数关系可以分别用公众科普需求表和公众需求曲线加以表示。

公众科普需求表是表示在某项知识门类里，各种不同的公众知识水平与其相对应的公众科普需求量之间关系的数字序列表。表 5-4 是某项知识门类的公众科普需求表。

表 5-4　某项知识门类的公众科普需求表

需求—知识水平组合	A	B	C	D	E	F
知识水平	0	1	2	3	4	5
公众需求	0	100	200	300	400	500

从表 5-4 可以清楚地看到公众科普需求量和公众知识水平之间的函数关系。当知识水平为 0 时，公众科普需求量为 0 单位，意味着在对某项知识门类一无所知的情况下，科普知识接受者并不知道自己想要去了解学习什么知识；当知识水平上升为 2 时，公众需求量也相应上升为 200 单位。比如，前文的例子中，某人在小学阶段并没有接触核物理的机会，他是不会对核物理的科普知识提出需求的，只有在接触核物理后，才会产生进一步了解的欲望，科普需求量才会增加。

公众需求曲线，是根据公众科普需求表中不同公众需求—知识水平的组合，在平面坐标图上所绘制的一条曲线。图 5-3 是根据表 5-4 绘制的一条公众需求曲线。

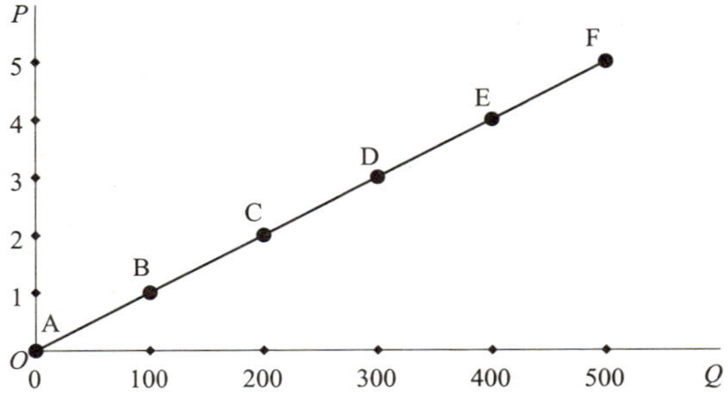

图 5-3　某项知识门类的公众科普需求曲线

在图 5-3 中，横轴 OQ 表示公众科普的需求量，纵轴 OP 表示公众知识水平，在分析时以纵轴表示自变量 P，以横轴表示因变量 Q。图中的公众需求曲线是这样得到的：根据表 5-4 中不同的公众需求—知识水平组合，在平面坐标图中描绘相应的各点 A、B、C、D、E、F，然后顺次连接这些点，便得到公众需求曲线 $Q^d=f(P)$，以表示在不同知识水平的接受者对应的公众科普需求量。假定公众知识水平和对应的公众科普需求量具有连续性，所以将图 5-3 中的各个组合点 A、B、C、D、E、F 连接起来，从而构成一条光滑连续的公众需求曲线。本章的分析主要采用线性函数，线性公众需求函数的通常形式为：

$$Q^d=-\delta+\gamma \cdot P \tag{5.7}$$

式中，δ、γ 为常数，且 γ、$\delta>0$。该函数所对应的公众需求曲线为一条直线。

建立在公众需求函数基础上的公众科普需求表和公众需求曲线都反映了公众科普的需求量和公众知识水平二者之间的关系。从表 5-4 可见，公众科普的需求量随着公众知识水平的上升而增加，在图 5-3 中的公众需求曲线具有一个明显的特征，它是向右上方倾斜的，即它的斜率为正值。它们都表示公众科普的需求量和公众知识水平正相关。

5.2.2 科普教育供给和公众科普需求的弹性及其成因

（1）弹性概念的界定

弹性概念在西方经济学中得到了广泛的应用，经常被用以衡量两个变量中因变量对自变量变化的反应的敏感程度，即某一个变量发生 1 个单位的变动，另一个变量将会发生多少单位的变动。❶ 例如，弹性可以表示当一种商品的价格上升 1% 时相应需求量和供给量的变化。

在经济学中，弹性的一般公式为：

$$弹性系数=\frac{因变量的变动比例}{自变量的变动比例}$$ ❷

设两个经济变量之间的函数关系为 $Y=f(X)$，则弹性的一般公式还可以表示为：

$$e=\frac{\frac{\Delta Y}{Y}}{\frac{\Delta X}{X}}=\frac{\Delta Y}{\Delta X}\cdot\frac{X}{Y} \tag{5.8}$$

式中，e 为弹性系数；ΔX、ΔY 分别为变量 X、Y 的变动量。若变量的变化趋于无穷小，即 $\Delta X\to 0$ 且 $\Delta Y\to 0$ 时，则弹性公式为：

$$e=\lim_{\Delta x\to 0}\frac{\frac{\Delta Y}{Y}}{\frac{\Delta X}{X}}=\frac{\frac{\mathrm{d}Y}{Y}}{\frac{\mathrm{d}X}{X}}=\frac{\mathrm{d}Y}{\mathrm{d}X}\cdot\frac{X}{Y} \tag{5.9}$$

西方经济学将（5.8）式称为弧弹性公式，将（5.9）式称为点弹性公式。

（2）科普教育供给弹性及其应用

① 科普教育供给弹性的含义。

科普教育供给弹性，是指在某个知识门类内科普教育的供给量

❶ 高鸿业：《西方经济学：微观部分》（第四版），中国人民大学出版社 2007 年版，第 37 页。

❷ 高鸿业：《西方经济学：微观部分》（第四版），中国人民大学出版社 2007 年版，第 37~38 页。

变动对公众知识水平变动的反应程度，其公式表示为：

$$科普教育供给弹性=\frac{科普教育供给量变动率}{公众知识水平变动率} \tag{5.10}$$

科普教育供给的弧弹性和点弹性本质上相同，前者表示公众知识水平变动量较大时的教育供给曲线上两点之间的弹性，而后者表示公众知识水平变动量无穷小时的教育供给曲线上某一点的弹性。本章将主要采用弧弹性的分析方法。

假定教育供给函数为 $Q^S=f(P)$，ΔQ 和 ΔP 分别表示科普教育供给量的变动量和公众知识水平的变动量，以 e_s 表示科普教育供给的弹性系数，则科普教育供给弹性的公式为：

$$e_s=\frac{\frac{\Delta Q}{Q}}{\frac{\Delta P}{P}}=-\frac{\Delta Q}{\Delta P}\cdot\frac{P}{Q} \tag{5.11}$$

由于科普教育供给量和公众知识水平负相关，$\frac{\Delta Q}{\Delta P}$为负值，为便于正值之间的计算，就在公式（5.10）和（5.11）中加了一个负号。

现在我们可以进一步区分科普教育供给弹性的类型：

a. 如果公众知识水平变动 1 个百分点引起的科普教育供给量的变动超过 1 个百分点，则该项科普知识就富有科普教育供给弹性［如图 5-4（a）所示］。

b. 如果公众知识水平变动 1 个百分点引起的科普教育供给量的变动不足 1 个百分点，则该项科普知识就缺乏科普教育供给弹性［如图 5-4（b）所示］。

c. 如果公众知识水平变动的百分点恰好等于其引起的科普教育

供给量的变动的百分点，则该项科普知识就拥有单位科普教育供给弹性［如图 5-4（c）所示］。

d. 图 5-4（d）显示的是科普教育供给弹性为无穷大和零这两种极端情况，及完全有弹性和完全无弹性。完全无弹性，是指科普教育供给量对公众知识水平的变动不做任何反应。相反，完全有弹性，是指公众知识水平微小的变化会导致科普教育供给量发生无穷大的变化。

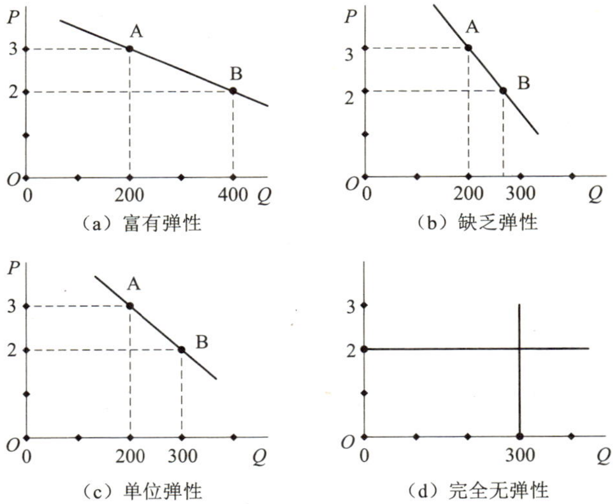

图 5-4　科普教育供给弹性的四种类型

② 科普教育供给弹性的应用。

在实际的科学普及工作中经常会遇到这样一种情况：某些高端的、专业化的科学知识的普及效果很好，公众可以马上接受并产生实际效用，而某些低端的、大众化的科学知识的普及效果却不是很好，公众很难提起学习兴趣。这意味着，将专业的科普知识加工成为大众化的科普知识，对某些知识门类的普及教育适用，对某些知识门类的普及教育却不适用。这其中就涉及科普教育供给弹性的问题。

科普教育的最终成效与公众的知识水平和科普教育供给量正相关，其公式可以表示为：

$$\text{科普教育成效}=\text{公众的知识水平}\times\text{科普教育供给量} \quad (5.12)$$

用 P 表示公众的知识水平，Q 表示科普教育供给量，则科普教育成效可以表示为 $P \cdot Q$。在科普教育供给弹性和科普教育成效之间存在着密切的关系，这种关系可归纳为以下三种情况。

第一种情况：对于 $e_s>1$ 的富有弹性的知识门类，公众知识水平降低会增加科普教育成效；相反，公众知识水平的提高会降低科普教育成效，即科普教育成效与公众知识水平成负相关。这是因为当 $e_s>1$ 时，科普知识传授者将科普知识大众化所引发的科普教育供给量的增加率大于相应公众知识水平的下降率，科普知识大众化最终取得的科普教育成效 $P \cdot Q$ 值是增加的。相反，在科普知识专业化和学术化发展时，最终取得的科普教育成效 $P \cdot Q$ 值是减少的［如图 5-4（a）所示］。

第二种情况：对于 $e_s<1$ 的缺乏弹性的知识门类，公众知识水平降低会降低科普教育成效，相反，公众知识水平的提高会增加科普教育成效，即科普教育成效与公众知识水平成正相关。原因是 $e_s<1$ 时，科普知识传授者将科普知识大众化所引发的科普教育供给量的增加率小于相应公众知识水平的下降率，科普知识大众化最终取得的科普教育成效 $P \cdot Q$ 值是下降的。相反，在科普知识专业化和学术化发展时，最终取得的科普教育成效 $P \cdot Q$ 值是增加的［如

图 5-4（b）所示]。

第三种情况：对于 $e_s=1$ 的单位弹性的知识门类，公众知识水平降低或提高对科普教育成效的取得都没有影响。这是因为，当 $e_s=1$ 时，公众知识水平变动所引发的科普教育供给量的变动率和公众知识水平的变动率是相等的。这样一来，由公众知识水平变动所造成的科普教育成效的增加量或减少量刚好等于由科普教育供给量变动所带来的科普教育成效的减少量或增加量，所以，无论科普知识传授者是否对该项知识进行大众化或专业化加工，科普教育成效 $P\cdot Q$ 值是固定不变的［如图 5-4（c）所示］。

将 $e_s=\infty$ 和 $e_s=0$ 的两种特殊情况考虑在内，商品的需求的价格弹性和厂商的销售收入之间的综合关系如表 5-5 所示。

表 5-5　科普教育供给弹性和科普教育成效

	$e_s>1$	$e_s=1$	$e_s<1$	$e_s=0$	$e_s=\infty$
大众化	增加	不变	减少	同比例于知识水平的下降而减少	科普教育成效无限增长
专业化	减少	不变	增加	同比例于知识水平的上升而增加	科普教育成效会减少为零

（3）公众科普需求弹性

公众科普需求弹性，是指在某个知识门类内公众科普需求量的变动对公众知识水平变动的反应程度，其公式表示为：

$$\text{公众科普需求弹性}=\frac{\text{公众科普需求量变动率}}{\text{公众知识水平变动率}} \tag{5.13}$$

假定公众需求函数为 $Q=f(P)$，以 e_d 表示供给的价格弹性系数，则公众科普需求弧弹性的公式为：

$$e_d=\frac{\frac{\Delta Q}{Q}}{\frac{\Delta P}{P}}=\frac{\Delta Q}{\Delta P}\cdot\frac{P}{Q} \tag{5.14}$$

在通常情况下，公众科普的需求量和公众知识水平是呈同方向变动的，公众科普需求的变化量和公众知识水平的变化量的符号是相同的。

供给的价格弹性根据 e_d 值的大小也分为五个类型。$e_d>1$ 表示富有弹性；$e_d<1$ 表示缺乏弹性；$e_d=1$ 表示单位弹性；$e_d=\infty$ 表示完全弹性；$e_d=0$ 表示完全无弹性。

（4）科普供需弹性的成因

第一，科普知识与接受者日常生产生活的相关程度。一般说来，科普知识与接受者生产生活的相关程度越高，则该科普知识的教育供给弹性和公众需求弹性就越高。例如，房屋室内装修所涉及的科学知识在很大程度上是十分专业的，涵盖了化学、物理、色彩美学、材料等多个知识门类，如此庞大系统的知识系统却被很多人所掌握，哪怕他本身的知识水平不是很高，原因就在于房屋室内装修与科普知识接受者的生活密切相关。相应地，同样是房子，却很少有人会想要了解建筑方面的知识，因为整体建筑对于公众来讲仅仅是一个外观的问题，与日常生活的相关程度较低，除非建筑质量存在严重问题，很少会有人去主动了解这方面的科普知识。

第二，科普知识用途的广泛性。某项科普知识的用途越是狭窄，它的弹性就可能越大；相反，用途越是广泛，它的弹性就可能越小。这是因为，如果掌握某项科普知识可以应付很多环境条件，比如极端条件下的求生技能、火灾发生后的逃生技能等，掌握这些科普知识可以发挥很大的作用，效用很高，那接受者对与该项科普知识的兴趣就会增加。

第三，学习科普知识所需耗费的时间。一般说来，学习耗费的时间越长，则该科普知识的教育供给弹性和公众需求弹性就可能越大。因为，由于信息技术的发展，公众接受科普知识的效率普遍得到提升，大部分的科普知识可以通过网络在短时间内获得，如果学习某项科普知识需要耗费大量的时间，这很有可能降低该项知识的普及化程度。

当然，科普知识的教育供给弹性和公众需求弹性的大小是各种影响因素综合作用的结果。所以，在分析某项科普知识的教育供给弹性和公众需求弹性的大小时，要根据具体情况进行全面的综合分析。

5.2.3 科普教育供给和公众科普需求的均衡及其影响

（1）科普均衡的界定

均衡是相关变量在一定条件下的相互作用下达到的相对静止的状态。均衡的概念在西方经济学有广泛的运用，均衡意味着市场供给和需求达到平衡，从而决定了市场的均衡价格和数量。经济学理论认为，“经济事物之所以能够处于这样一种静止状态，是由于在这样的状态中有关该经济事物的各参与者的力量能够相互制约和相互抵消，也由于在这样的状态中有关该经济事物的各方面的经济行为者的愿望都能得到满足”。[1]

科普均衡旨在寻找在一定条件下，与科普相关的供需变化最终趋于相对静止之点的平衡状态，使科普工作能够在高效利用资源的同时，确保取得工作实效。科普均衡是一个理想概念，因为它假定科普知识的传播不受限制，任何科普知识在任何时候都可以对任何人传授到位，事实上这种状态哪怕是在信息技术十分发达的今天也是很难做到的。科普均衡所分析的恰好是教育供给和公众需求在相互作用后所达到的理想状态。科普均衡可以分为分为局部均衡和一般均衡。局部均衡，是指单个知识门类或单项科普知识的范围内，科普教育供给和公众科普需求达到均衡状态。一般均衡，是指对科普工作整体范围内教育供给和公众需求之间的关系和均衡状态进行分析。

科普属于耗散结构的社会综合事务，在运行过程中，科普系统要不断地与系统外进行物质、能量、信息的交换，还要克服环境的阻力，要保持科普的正常运行，就需要不断地输入新的动力能量，这种外部动力能量主要来自科普投入、资金、要素等。因此，在一定时期内，科普所能支配的资源是有限的。受到年龄、教育、地域等因素的影响，公众的知识水平始终存在差异，而科学普及因为资源局限无法同时满足所有人的个性化需求。因此，确保资源高效利用的同时使科普工作发挥最大效应，就是科普工作的最终目标。

如果某项科普工作投入过多，科普边际效用会在到达临界点后不断下降，同时受到该项科普工作弹性的影响，无法达到高投入想

---

[1] 高鸿业：《西方经济学：微观部分》（第四版），中国人民大学出版社 2007 年版，第 27 页。

要达成的科普成效，最终导致科普资源的严重浪费。如果某项科普工作投入过少，则公众科普需求存在巨大缺口，从而引发“社会失范”，科普的工作目标将无法顺利达成。因此，必然存在一种状态，在资源受限和需求多样化的条件下，教育供给和公众需求在相互作用的过程中实现力量制约和抵消，双方的愿望都得以满足，而这就是科普均衡。

（2）科普均衡的决定

某项科普知识的均衡工作量，是指该项科普知识的教育供给量和公众需求量相等时的科普工作量，在均衡工作量下的相等的公众知识水平为公众平均知识水平，亦可称为基本科学素质，用于表示在一定时期内公众应该达到的基本科学素养。从几何意义上说，科普均衡出现在教育供给曲线和公众需求曲线相交的交点上，该交点被称为均衡点。均衡点上的科普工作量和相等的公众知识水平分别被称为科普均衡工作量和公众平均知识水平。把图 5-2 中的科普教育供给曲线和图 5-3 中的公众科普需求曲线结合，用图 5-5 可以说明某项科普知识科普均衡的决定。

在图 5-5 中，S 曲线为科普教育供给曲线，D 曲线为科普公众需求曲线。教育供给曲线 S 和公众需求曲线 D 相交于 E 点，E 点为均衡点。在均衡点 E，科普均衡工作量 $\overline{Q}$ 为 250 单位，公众平均知识水平 $\overline{P}$ 为 2.5，即科普工作量输出为 250 单位时，可以充分调动现有资源，使公众平均知识水平达到 2.5，实现科学普及的最优成效。

科普均衡的决定也可以用图 5-5 对应的表 5-6 来说明。由表 5-6 可知，科普均衡工作量为 250 单位时，公众平均知识水平为 2.5。

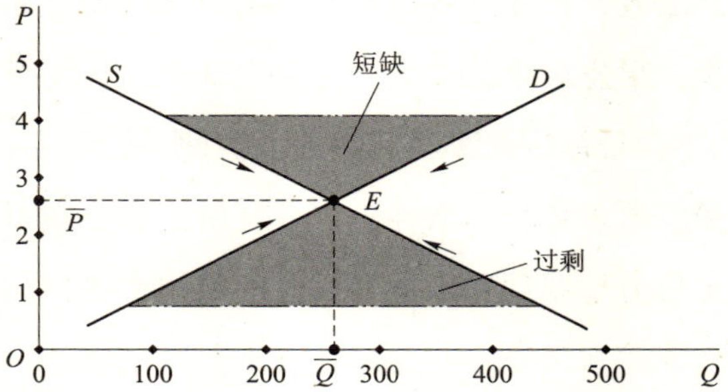

图 5-5　某项科普知识科普均衡的决定

表 5-6　某项科普知识科普均衡的决定

知识水平	0	1	2	2.5	3	4	5
教育供给	500	400	300	250	200	100	0
公众需求	0	100	200	250	300	400	500
科普状态	过剩	过剩	过剩	均衡	短缺	短缺	短缺

当公众知识水平为 1 时，科普教育的供给量可以达到 400 单位，但公众科普需求却只有 100 单位，这种教育供给量大于公众需求量的状态会形成科学普及过剩，即科普知识传授者传授的科普知识超过了公众的实际需要，科普工作量很大但成效很低，造成科普资源的浪费，如图 5-5 中过剩阴影部分所示。对于这种过剩状态，科普传授者需要减少教育供给量，同时修正科普教育的内容，适当提高科普教育的专业化程度，以适用知识水平更高的科普知识接受者。

当公众知识水平为 4 时，科普教育的供给量只能达到 100 单位，但公众科普需求却达到 400 单位，这种公众需求量大于教育供给量的状态会形成科学普及短缺，即科普知识传授者传授的科普知识无法满足了公众的实际需求，形成了科普需求的缺口，如图 5-5 中短缺阴影部分所示。对于这种短缺状态，科普传授者需要增加教育供给量，并将科普知识的内容进行大众化加工，以面向平均知识水平的科普知识接受者。

当公众知识水平达到 2.5 时，科普教育的供给量和公众科普需求都为 250 单位，这意味着该项科普知识达到了科普均衡的状态，科普教育充分调用了现有的科普资源，同时满足了大众平均知识水平接受者的科普需求，对很低端的科普知识不再重复教育，对于过分高端的科普知识也放弃大规模普及，正好满足了公众在特定时期内为保证日常生产生活而必需的科普知识需求。

（3）科普均衡的变动

科普均衡是由教育供给曲线和公众需求曲线的交点所决定的。因此，教育供给曲线和公众需求曲线位置的移动会使科普均衡点发生变动。下文将对教育供给曲线和公众需求的曲线的位移及其产生的影响作简要的分析。

① 科普教育供给曲线的位移及其影响。

要了解科普教育供给曲线的移动，必须区分科普教育供给量的变动和科普教育供给的变动这两个概念。引发教育供给量变动和教育供给变动的原因不同，两者在几何图形中的表示也是不相同的。

科普教育供给量的变动，是指在其他条件不变时，由公众知识水平的变动引发的科普教育供给量的变动。例如，在图 5-2 中，当公众知识水平由 1 上升到 3 时，它所对应的科普教育供给量由 400 单位下降为 200 单位，在几何图形中由 *B* 点经过 *C* 点移动到了 *D* 点，这种变动虽然表示科普教育供给量的变化，但是并不表示该项科普知识整个科普供给状态的变化。因为，这些变动的点都在同一条科普教育曲线上。

教育供给的变动，是指在公众知识水平不变的条件下，由于其他因素引起的科普教育供给量的变动。这里的其他因素变动，是指人类知识的整体发展、科普知识传授者对接受者的预期、科普知识的学习难度等。在公众知识水平不变的情况下，教育供给增加会使教育供给曲线向右平移，从而使科普均衡工作量和公众平均知识水平都增加；教育供给减少会使教育供给曲线向左平移，从而使科普均衡工作量和公众平均知识水平都减少（如图 5-6 所示）。

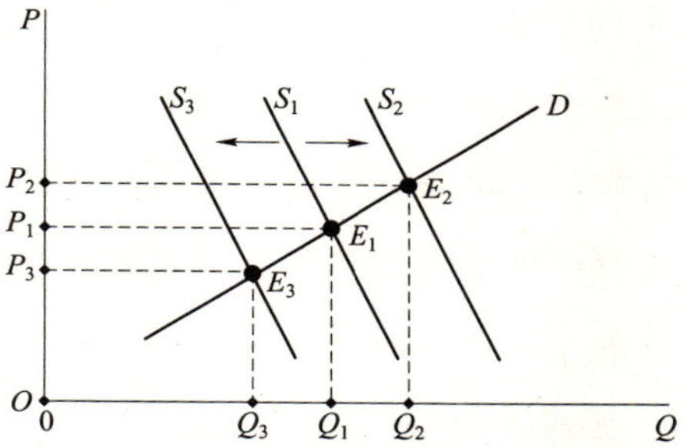

图 5-6 科普教育供给的变动和科普均衡的变动

在图 5-6 中，既定的公众需求曲线 D 和最初的教育供给曲线 S_1 相交于 E_1点。在均衡点 E_1的科普均衡工作量和公众平均知识水平分别为 Q_1和 P_1。科普教育供给的增加使教育供给曲线向右平移至 S_2曲线的位置，并与 D 曲线相交于 E_2点。在均衡点 E_2，公众平均知识水平提高为 P_2，科普均衡工作量增加为 Q_2。相反，教育供给减少使教育供给曲线向左平移至 S_3曲线的位置，且与 D 曲线相交于 E_3点。在均衡点 E_3，公众平均知识水平下降为 P_3，科普均衡工作量减少为 Q_3。

② 公众科普需求曲线的位移及其影响。

要了解公众科普需求曲线的移动，必须区分公众科普需求量的变动和公众科普需求的变动这两个概念。引发公众需求量变动和公众需求变动的原因不同，两者在几何图形中的表示也是不相同的。

公众科普需求量的变动，是指在其他条件不变时，由公众知识水平的变动引发的公众科普需求量的变动。例如，在图 5-3 中，当公众知识水平由 1 上升到 3 时，它所对应的科普教育供给量由 100 单位上升为 300 单位，在几何图形中由 B 点经过 C 点移动到了 D 点，这种变动虽然表示公众科普需求量的变化，但是并不表示该项科普知识整个公众需求状态的变化。因为，这些变动的点都在同一条公众需求曲线上。

公众需求的变动，是指在公众知识水平不变的条件下，由于其他因素引起的公众科普需求量的变动。这里的其他因素变动，是指社会热点事件的推动、科普知识接受者对传授者的预期、科普接受者的个人偏好等。在公众知识水平不变的情况下，公众需求增加会使公众需求曲线向右平移，从而使科普均衡工作量增加，但公众平均知识水平会降低；公众需求减少会使公众需求曲线向左平移，从而使科普均衡工作量减少，但公众平均知识水平会提高（如图 5-7 所示）。

在图 5-7 中，既定的教育供给曲线 S 和最初的公众需求曲线 D_1 相交于 E_1点。在均衡点 E_1的科普均衡工作量和公众平均知识水平分别为 Q_1和 P_1。公众科普需求的增加使教育供给曲线向右平移至 D_2 曲线的位置，并与 S 曲线相交于 E_2点。在均衡点 E_2，公众平均知识水平降低为 P_2，科普均衡工作量增加为 Q_2。相反，公众需求减少使

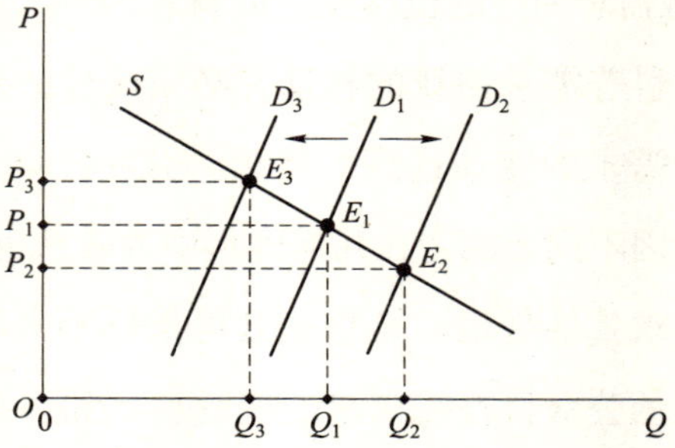

图 5-7　公众科普需求的变动和科普均衡的变动

公众需求曲线向左平移至 D_3 曲线的位置，且与 S 曲线相交于 E_3 点。在均衡点 E_3，公众平均知识水平提高为 P_3，科普均衡工作量减少为 Q_3。

5.3　社会热点事件与科学普及互动机理的应用

科学普及的最终目的是提高公众的基本科学素质，而社会热点事件因为富含各类科普知识，为科学普及工作提供了丰富的素材。社会热点事件与科学普及之间的互动在事件的形成、发展、演变及终结等不同阶段会有不同的表现。

社会热点事件与科学普及的互动机理的应用将主要围绕下述四个方面进行论述：一是社会热点事件的发生在短时间内提升公众科普需求；二是科普教育新增与社会热点事件相关的科普知识；三是公众科普需求和科普教育供给达到新的科普均衡；四是公众基本科学素质在社会热点事件终结后得到提升。

5.3.1　社会热点事件与公众科普需求的直接互动

社会热点事件的发生会直接影响公众科普需求。在通常情况下，由于社会热点事件涉及公众未知的科普知识领域，公众科普需求会在原有的基础上产生增量，所以科普需求曲线会向右移动。在社会热点事件发生后，公众的注意力会集中到该科普知识领域，对该科普知识的重要性会产生偏差，如地震的发生会在短时间内提升公众对应急救援知识的关注度。在特定的时间阶段内，公众会认为该科普知识与自己的生产生活密切相关，所以公众科普需求曲线的弹性会增加。在图 5-8 中，假定社会热点事件发生前，科普教育供给和公众科普需求在 E_1 点实现均衡，社会热点事件的发生使科普需求曲线从 D_1 移动到 D_2。由于公众的知识水平存在差异，对于某项科普知识的掌握程度也不尽相同，社会热点事件的发生并不影响知识水平较高的群体，因为这部分群体在社会热点事件发生前就已经掌握了关于该事件的科普知识，所以公众科普曲线的一部分是保持不变的，在图 5-8 中，社会热点事件的发生并不影响知识水平在 p 以上科普知识接受者的公众需求曲线路径。

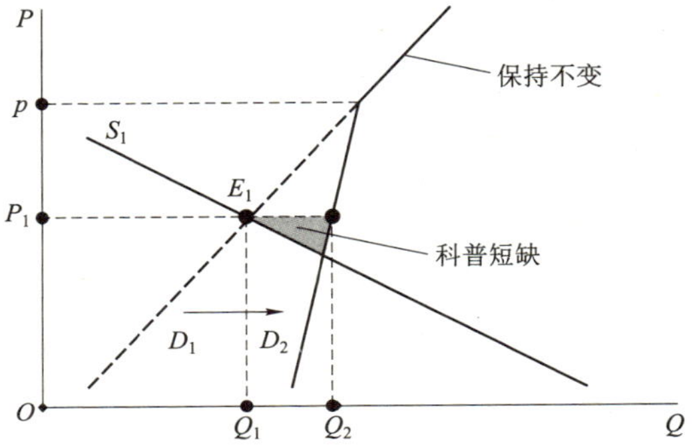

图 5-8　社会热点事件发生提升公众科普需求

在“抢盐风潮”的案例中，日本核泄漏的发生使公众对有关食盐生产领域的科普知识产生了新的需求，并且认为食盐生产关系到他们的生命安危，因为“核泄漏会污染食盐”。而在该事件发生前，公众只关心如何使用食盐而不关心食盐的生产，因为食盐的生产与他们的日常生活关系较小。在此背景下，知识水平相对较低的公众群体开始担心食盐的正常生产，由于群体极化效应的影响，使这种担心迅速扩散到所有知识水平较低的公众群体；知识水平相对较高的群体，如大学生或相关专家因为在事前就知道食盐的生产过程，知道食盐不会被“核污染”，所以他们对于有关食盐生产领域的科普知识并不产生新的需求，与原先保持一致。

从图 5-8 中可以清楚地看到，由于公众需求曲线位移而产生的科普供给短缺（图中阴影部分），即社会热点事件的发生使公众科普需求量由 Q_1增长到 Q_2，但科普教育供给并没有增加。科普知识短缺所形成的供给缺口如果不及时进行填补，很容易引发“社会失范”。“失范”（anomie）的概念最初由涂尔干（Émile Durkheim）提出，从字面理解便是“缺少规范”，但涂尔干所指“失范”真正内涵主要是对一种由个人的欲望、行为缺少规范、制度化程度差，因而丧失整合的混乱无序状态。在这种失范状态中，人们缺乏对什么是适当的规范与行为一致的看法，当人们的行为完全由欲望支配时，社会必然处于充满冲突和斗争的混乱状态。[1] 科普供给短缺从某种意义上讲，是一种共同的价值理念缺失的状态，其行为的价值合理性与规范合法性两个维度上都出现了断裂。这种状态是十分危险的，由于科普的对象数量可观，科普缺失在很大程度上可以破坏社会的稳定秩序，引发社会混乱。在“抢盐风潮”的案例中，正是由于科普工作没有及时补位，知识水平较低的公众群体最终在过度担心的情绪支配下

---

[1] ［法］涂尔干：《社会分工论》，渠东译，三联书店 2000 年版，第 219 页。

涌入超市、商店、仓库抢购食盐，最终引发“抢盐风潮”。

5.3.2 社会热点事件与科普教育供给的间接互动

社会热点事件的发生会引发公众科普实际需求的增长，进而形成了科普短缺的状态，为填补科普短缺，必须开展必要的科普工作以维持社会稳定。填补科普短缺的方法主要有两种，政治直接嵌入和增加科普教育供给。

科学普及政治嵌入社会热点事件主要强调的是，活动主体（通常是政府）在特定的政治体制下将其具体行为嵌入政治体系之中，使得社会热点事件的发展演变趋势通常服务并服从于国家（或政党）的意志或利益，从而促使社会热点事件由最初自发状态转变为可控状态。政治直接嵌入在实际操作中可能产生两种效果：一种是公众科普需求在政治嵌入后降低，如图 5-9 中表示为科普需求曲线 D_2 向左平移到 D_3，从而回到均衡点；另一种是政治嵌入强制降低公众平均知识水平，在图 5-9 中表示为公众平均知识水平由 P_1 下降为 P_2，从而达到一种新的科普均衡，用 E_3 点表示。从某种意义上讲，政治嵌入是一种违反科普发展规律的粗暴方式，浪费了通过社会热点事件提升公众科学素质的契机，因为无论是在均衡点 E_1，还是在均衡点 E_3，公众的平均知识水平在热点事件发生后都没有得到提高。在“抢盐风潮”的案例中，政治嵌入可以通过封锁消息来实现，既否认日本核泄漏的发生，也可以通过伪科学的论证来证明食盐与核污染无关，如宣布食盐是由树脂加工而成的。

增加科普教育供给也可以填补社会热点事件引发的科普短缺。假定社会热点事件引发的公众需求在当前人类所掌握的知识范围内，

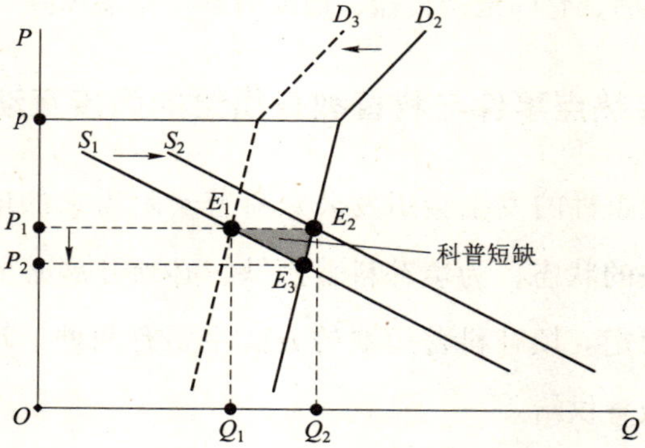

图 5-9　填补社会热点事件引发的科普短缺

则通过增加科普教育供给可以满足社会热点事件发生后的公众科普新需求。在图 5-9 中，增加科普教育供给使得教育供给曲线由 S_1 向右平移至 S_2，科普教育供给量由 Q_1 增加至 Q_2，填补了社会热点事件引发了公众科普需求增量。在“抢盐风潮”的案例中，通过多种渠道宣传并证明食盐生产的来源多样化，如我国食盐生产的原料主要以矿盐为主，海盐所占比重很小，食盐的销售实行“统购统销”，不存在食盐供给短缺等情况，同时也可以说明日本核泄漏目前还没有引发大规模的海水污染等。通过新增科普知识内容来填补知识水平相对较低的公众群体对于食盐生产领域科普知识的需求，从而有利于消减公众对于食盐短缺和食盐污染的焦虑，将“抢盐风潮”发生的根源消除，确保社会秩序的稳定。

5.3.3　社会热点事件与科普均衡的重置

社会热点事件引发了公众科普需求的变动，如果相应增加科普教育供给，科普均衡也将发生相应的变动。在图 5-9 中，由于公众需求曲线和教育供给曲线的位移，科普均衡点由原先的 E_1 点转移到了 E_2 点，在 E_2 点实现了新的科普均衡。在前文论述的互动过程中，科学普及实现了科普知识传授者和接受者之间的双向互动，在此过程中，充当“结构洞”的科学普及嵌入与科学普及相关的社会热点事件中，进而推动社会热点事件的演变。科普知识传授者不再是公众进行单向灌输科普知识，而是双方进行着相互影响和作用，在互动过程中使科学得到有效普及，并在一定程度上更好推动了科普行动，弥补了公众的科普短缺。

科普均衡的重置可以实现以下效应：

其一，促进了科普知识传授者和接受者的有机结合。由于公众科学素质还存在很大的提升空间，社会热点事件发生后，迫切需要通过增加科普教育供给来弥补这种短缺，在此过程中，科普知识传授者和公众存在着不间断地、互动双向选择的过程，因此在与科学普及相关的社会热点事件中，通过科普均衡重置，科普知识传授者和接受者有可能实现更为紧密的结合。

其二，推动了社会热点事件的良性演变。通过科普均衡重置，社会公众能够及时、有效地从科普知识传授者处得到科学知识的弥补，对相关的社会热点事件产生新的认识和了解，将导致下述的直接结果：对产生正面效应的社会热点事件会保持较长时间段的兴奋点，而对负面效应的社会热点事件则兴趣骤减。基于此，科普均衡重置可在一定程度上推动社会热点事件朝着良性方面发展演变。

在“抢盐风潮”的案例中，政府及科普机构在通过增加科普教育供给量后，公众对于食盐生产领域的科普知识需求得到了满足，实现了科普均衡，或者无限接近科普均衡，“抢盐风潮”最终得以平息。

5.3.4 社会热点事件对公众科学素质的影响

一方面，通过增加科普教育供给可以填补社会热点事件发生后的公众科普需求增量；另一方面，社会热点事件的发生最终也可以提升公众科学素质。公众随着其知识水平的提高，对产生的社会热点事件能在较短时间内形成正确的判断，从而自觉接受科学普及的辐射作用。

通过上述科普互动机理的剖析，公众能够及时、有效地从科普知识传授者得到科学知识的弥补，对相关的社会热点事件也相应产生新的认识和了解，因而社会热点事件的发生率能得到一定程度的调控。虽然受公众兴趣偏好的影响，导致其关注焦点过于集中，使某类社会热点事件的发生率出现非正常化趋势，但是整体而言，社会热点事件的发生率在科学普及的调控作用下呈现一种合理化水平，而社会热点事件引发的对于某项科普知识领域的短时间认识偏差跨度最终也会缩小，促使该项科普知识的弹性回归常态。例如，唐山大地震发生后，地震科普宣传在当时一度非常热，许多地震防范知识也一度深入人心，妇孺皆知。但是，随着很长一段时间不再发生大的地震，人们开始放松了警惕，有关地震知识的宣传普及也大不如前，最终导致在汶川地震发生后，很多人由于缺乏正确的避震自救知识，从而造成了本来完全可以避免的牺牲和损失。在图 5-10 中，公众科普需求的常态回归表现为公众需求曲线 D_2 向左回归到 D_1，意味着知识水平较低的公众群体在社会热点事件发生后，对于该项科普领域的科普需求回复到原先的状态，公众需求量降低，弹性也随之降低。

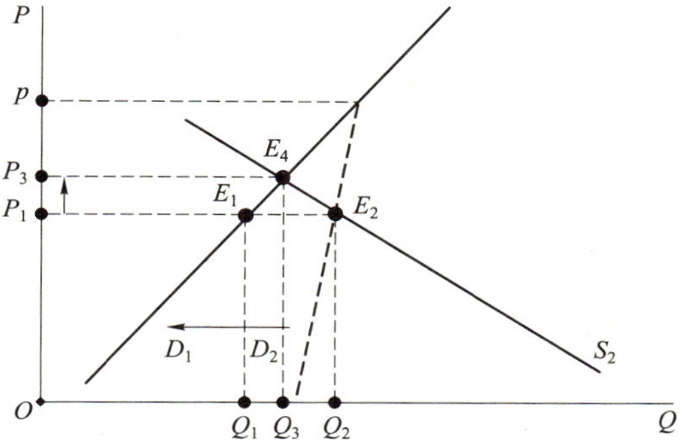

图 5-10　社会热点事件提升公众科学素质

同样，在“抢盐风潮”的案例中，参与抢盐的公众群体在了解了食盐生产的科普知识后，停止了抢盐的非理性行为。对于食盐生产相关科普知识的需求也在“抢盐风潮”后消于无形，因为维持日常生产生活的运转并不需要了解食盐的生产过程，只需要知道食盐的用法即可。

在图 5-10 中，科普教育供给曲线 S_2 在社会热点事件发生后仍然保持原状，因为科普教育的输出是无法回收的。科普教育供给曲线 S_2 与需求回归后的公众科普需求曲线 D_1 相交于均衡点 E_4，与 E_4 点对应的科普均衡工作量为 Q_3，比社会热点事件发生前的科普均衡工作量 Q_1 要高，但比社会热点事件发生过程中的特殊时期科普均衡工作量 Q_2 要低；与 E_4 点对应的公众平均知识水平为 P_3，相较于社会热点事件发生前的公众平均知识水平 P_1 得到很大的提高，这说明正确利用好社会热点事件的科普契机，增加科普教育供给以填补社会热点事件发生后的公众科普需求增量，可以提升公众的平均知识水平，即提升公众整体的科学素质。

6　社会热点事件与科学普及关联度的实证分析

6.1　调查问卷设计和回收说明

本问卷（详见附录）按照主成分分析的需要，主要设计6个大类问题，大类问题中又套设若干相关小问题，其中第二大类题中又设置相关问题3个，第四大类题3个，第五和第六大类问题均为2个。

本问卷通过网络及现场等形式发放，问卷共发放200份，回收175份，其中有效问卷142份。在进一步具体分析过程中，将根据需要随机抽取一定数量的问卷来进行研究。

6.2　基于主成分分析法的研究

采用主成分分析法关键在于提取重要变量，并通过提取的变量来最大程度获取关联度信息。具体而言，主成分分析法是一种通过正交变换减少维数的统计方法，将相关型较强的变量转化成相关系数较少的新变量，再通过构造适当的价值函数，进一步把低维系统转化成一维系统等级相关分析法。[1]

[1] Hervé Abdi and Lynne J. Williams, Principle component analysis, *Computational Statistics*, 2010, Volume 2, Issue 4, pp. 433-459.

（1）数据采集，并对数据进行整理

首先给定两个符号说明：

$$X_i(i=1,2,3,4,5,6)$$

为六项获取科学知识途径的指标参数，分别为：科普讲座、热点事件、看科普书籍、参观展览、向专业人员咨询、与亲友同事谈话为提取出的成分。

$$Y_j(j=1,2,\cdots,n)$$

对调查问卷中随机抽取 16 个样本，每个样本有 6 项指标（见表 6-1）。

表 6-1　十六个样本的相关指标数据

X_1	0	2	1	2	2	0	2	2	0	2	1	2	0	1	0	2
X_2	2	0	0	0	2	0	2	2	1	0	0	0	2	0	0	0
X_3	2	2	1	0	2	2	2	2	0	2	1	0	2	0	2	2
X_4	2	0	0	0	2	0	0	2	1	2	0	2	2	1	2	0
X_5	0	0	0	2	0	0	2	0	0	0	0	0	0	0	2	0
X_6	0	0	1	2	2	2	0	0	1	2	1	0	0	1	0	0

数据说明：其中，0 代表接受调查者未从该途径获得信息，1 表示接受调查者是从该途径获得信息但并不满意，2 表示接受调查者从该途径获得信息并对该途径满意。

（2）对原始数据进行标准化处理，求出其相关系数矩阵 R（见表 6-2）

表 6-2　相关系数矩阵

	X_1	X_2	X_3	X_4	X_5	X_6
X_1	1.000 0	−0.082 187	−0.010 340 1	−0.151 565 2	0.079 458 29	0.064 120 72

续表

	X_1	X_2	X_3	X_4	X_5	X_6
X_2	-0.082 187	1.000 0	0.387 968 5	0.437 449 6	-0.010 920 65	-0.267 317 7
X_3	-0.010 340 1	0.387 968 5	1.000 0	0.155 936 2	-0.023 357 09	-0.219 899 7
X_4	-0.151 565 2	0.437 449 6	0.155 936 2	1.000 0	-0.171 184 2	-0.161 164 6
X_5	0.079 458 29	-0.010 920 65	-0.023 357 09	-0.171 184 2	1.000 0	-0.048 280 45
X_6	0.064 120 72	-0.267 317 7	-0.219 899 7	-0.161 164 6	-0.048 280 45	1.000 0

由该表可知，大部分指标间的相关系数绝对值大于0.1，说明彼此之间具有一定的相关性，可以用主成分分析法进行来处理。

（3）计算相关系数矩阵的特征根、贡献率、累计贡献率确定主成分（见表6-3）

表6-3　R的特征根、贡献率、累计贡献率

主成分	特征值	贡献率（100%100）	累计贡献率（100%100）
Y_1	1.876 82	31.280 33	31.280 33
Y_2	1.144 414	19.073 57	50.353 9
Y_3	0.944 821 2	15.747 02	66.100 92
Y_4	0.795 979 1	13.266 32	79.367 24
Y_5	0.767 986 3	12.799 77	92.167 01
Y_6	0.469 979 4	7.832 991	100

观察上表可知：其中 Y_1 为第一主成分成分，其贡献率为最大，且从

$$Y_1=-0.185\,6X_1+0.587\,6X_2+0.452\,3X_3+0.499\,6X_4-0.112\,2X_5-0.391\,8X_6$$

可知，X_2（热点事件）在其中的加权比重最大为0.587 6，说明热点事件蕴含了大量的科学知识，是科普知识的信息库。

6.3 基于数据包络分析的研究

数据包络分析（data envelopment analysis，DEA）是一个对多投入\多产出的多个决策单元的效率评价方法。它是 1986 年由 Charnes 和 Cooper 创建的。可广泛使用于业绩评价。[1]

（1）调查问卷的数据处理

我们根据每个调查者回答的情况，对三个事件进行评分。评分的标准如下表：

表 6-4 评分标准表

得分选项 \ 问题	问题四		问题五		问题六	
	（2）	（3）	（1）	（2）	（1）	（2）
选 A	1	3	1	3	1	3
选 B	2	2	2	2	2	2

（2）基于数据包络分析的模型

分四个步骤完成。

第一步，列出每个人投入产出矩阵。

进行科普之前，问卷中三个事件的得分作为输入指标。科普之后，对应事件的得分作为输出指标。设输入指标的矩阵：

$$X=\begin{bmatrix} x_{11}, & x_{12}, & \cdots, & x_{115} \\ x_{21}, & x_{22}, & \cdots, & x_{215} \\ x_{31}, & x_{32}, & \cdots, & x_{315} \end{bmatrix}$$，x_{ij}表示第 j 个人的第 i 个输入指标值。

[1] William. W. Cooper, Lawrence. M. Selford and Joe Zhu, Handbook on Data Envelopment Analysis, *International Series in Operations Research & Management Science*, 2011, Volume 164, 1-39.

输出指标矩阵：

$$Y=\begin{bmatrix} y_{11}, & y_{12}, & \cdots, & y_{115} \\ y_{21}, & y_{22}, & \cdots, & y_{215} \\ y_{31}, & y_{32}, & \cdots, & y_{315} \end{bmatrix}$$，y_{ij}表示第 j 个人的第 i 项产出指标值。

第二步，确定输入指标、输出指标权系数。

输入指标权系数：$V=(v_1,v_2,v_3)T$。u_j 表示第 i 项指标在所有指标中的重要性，用具体数字表示，即权重。

输出指标权系数：$U=(u_1,u_2,u_3,u_4 4)^T$。u_j 表示第 j 项指标在所有指标中的重要性。

第三步，建立相对有效综合评价模型（C^2R）。

列出输入输出综合之比：

$$Z_j=\frac{\sum_{r=1}^{3}u_r y_{rj}}{\sum_{r=1}^{3}u_r y_{rj}},j=1,\cdots,15$$

式中分子部分表示第 j 个人的输出总和，分母部分表示第 j 个人的输入总和，Z_j 表示效益评价指数，即相对有效性评价值。

对其中一个人 j_0 进行有效评价。在所有其他人的相对有效评价值小于 1 的约束下，使目标决策人的相对有效评价值最大，并求其解。

用矩阵表示为：$\max Z_{j_0}=\dfrac{U^T Y_{j_0}}{V^T X_{j_0}}$

约束条件为$\begin{cases}\dfrac{U^T Y_j}{V^T X_j}\leqslant 1 \\ V>0,\ U>0\end{cases}$

式中，$X_j=(X_{1j},X_{2j},X_{3j})^T, j=1,2,\cdots,15; Y_j=(Y_{1j},Y_{2j},Y_{3j}), j=1,2,\cdots,15$

如果 U、V 同时存在不为零的最优解，且 $Z_{j_0}=1$，则称 DEA 有效；如果 $Z_{j_0}\leqslant 1$，则称 DEA 无效。

第四步，根据调查问卷得到的数据，计算每个被调查者 DEA 得分。

（3）结果及结果分析

表 6-5　调查结果及 DEA 得分表

被调查者编号	事件 1 输入	事件 2 输入	事件 3 输入	事件 1 输出	事件 2 输出	事件 3 输出	DEA 得分
1	2	1	2	3	3	3	1
2	2	2	1	3	3	2	1
3	1	1	2	3	3	3	1
4	1	2	2	3	2	3	1
5	2	1	1	3	3	3	1
6	2	2	1	2	3	3	1
7	2	1	1	2	3	3	1
8	1	1	1	3	3	2	1
9	1	1	2	2	3	3	1
10	1	2	1	3	2	3	1
11	1	1	1	3	2	2	1
12	2	2	2	3	3	3	0.5
13	1	1	1	3	3	3	1
14	1	1	2	3	3	2	1
15	2	1	2	3	3	3	1

备注：DEA 得分为 1，说明科普对社会热点事件的发展具有规范作用，小于 1 则作用不明显。

结果分析：从上面的DEA得分来看，15个调查者中，有14个DEA得分为1，一个小于1，这表明，热点事件发展受到科学普及的影响较大，就我们调查问卷中的选择的热点事件来说，我们可以得到这样的结论：科学普及对热点事件的发展具有规范性作用。

6.4 关联度分析结论

通过上述分析，可得出两个重要结论：

第一，社会热点事件是当代中国科普的重要信息来源，为科普提供“鲜活”素材。社会热点事件蕴含丰富的科普信息，不仅是当代科普重要的“信息库”，而且相对于传统的科普资源有明显优势，可在一定程度上解决社会公众参与科普的被动性。

第二，社会热点事件发展受到科学普及的影响较大，科学普及对社会热点事件的发展具有规范性作用。具体来说，科学普及可以促进社会热点事件正面效应的有序扩散，并有效抑制社会热点事件负面效应的不当扩散。

7　优化社会热点事件与科学普及互动关系的逻辑路径

7.1　优化互动关系的逻辑基础

7.1.1　社会热点事件的负面效应

当前发生了一系列与人们生活息息相关的社会热点事件。正如一名网友在自己的微博中用调侃的语气所写：这是一个科学普及的春天——汶川大地震，我们学习了建筑学；三聚氰胺事件，我们学习了化学；苏丹红，带来了食品学；杭州70码飙车案，提供力学研究的教材；乐清钱运会事件，音频分析技术的范本；上海大火则是火灾学。而今天，所有网民主动自学铁路前沿技术和火车逃生。很明显，这些社会事件，不论是天灾还是人祸，都给人们的社会生活带来了破坏性甚至是毁灭性的影响。但是最为严重的影响莫过于它们对社会普遍信任体系的动摇，以及由此引发对脱域机制的困惑和不安。

正如前文所论述，脱域机制在现代社会的正常的运行离不开社会普遍信任。正是这种信任，促使人们与所谓的“专家系统”之间签订了某种契约，这样人们才可以放心地进入其系统。信任是其能够运行的有力保障，但是一旦这种基于社会普遍信任的契约遭到背离，信任的基石就会产生动摇，整个社会生活系统将面临灾难性的崩溃，人们的生活将会是一片混乱。2011 年发生的“7·23”甬温线特别重大铁路交通事故就是一个有力的证明。“7·23”甬温线特别重大铁路交通事故，在相当大的程度上动摇了人们对动车安全的信任，并引发了对高铁安全的担忧，让高铁技术本身也背负了太多负担。在社会现实层面上看，这种动摇也对是对专家系统的不信任，从整个社会体系而言则是对脱域机制的困惑和不安。人们之所以去坐动车就是因为他们相信整个专家系统是安全的、可靠的，是值得充分信任的，但是事故让人们的普遍信任产生动摇，破坏了整个系统，甚至对高铁也怨声载道、骂声不断。实际上，从技术层面上讲，动车技术不等于高铁技术，动车追尾不等于高铁也一定会发生追尾，高铁的安全防范体系要高于普通列车，把动车和高铁混为一谈是极其错误的非理性认识，在群情激愤的情景下更是难以扭转这种认识。

7.1.2 负面效应为科学普及“嵌入”脱域机制提供契机

以象征标志和专家系统为主要内容的脱域机制是现代社会的重要特征，是现代社会得以构建的重要基石，因此脱域机制亟需化解由当前一系列社会热点事件带来的负面影响，重构社会普遍信任体系。反思近年来发生的相关社会热点事件，之所以许多事件最终动摇社会普遍信任体系，最主要的原因在于人们对科学知识缺乏真正了解，人们的科学素养亟需提升。在 2007 年华南虎照片事件中，著名野生动物摄影家奚志农就认为，事情根本到不了需要请诸多专家来论证的地步，而有关方面到现在还坚持认为照片没有造假，这真是"匪夷所思"的。[1] 在"7·23"甬温线特别重大铁路交通事故事件中，很多人在还没弄清出事的车辆是动车还是高铁之前，就已经给高铁扣上了"危险"的帽子，带着强烈主观情感色彩的否定来观察此次事件，随即人云亦云，而非独立思考、观察和研究。这种人云亦云的事例还有许多，在此不一一列举。

化解社会热点事件所带来的负面效应，为科学普及"嵌入"脱域机制理论提供了良好契机。理由如下：

（1）科学普及具备教育及意识培养功能

科学普及不仅仅是一种简单知识的普及，更重要的是理性思维的培养，独立思考、系统分析的能力的提高。对于发生的社会热点事件，人们关心的是如何在尽可能短的时间内弄清"到底发生了什么事情、事故发生的原因是什么、矛盾是如何升级的"等一系列问题，这些看似无关紧要的问题实质上关系到批判的意义和价值。[2] 现代民主社会，对于公共事件，公民、媒体都有权发表自己的看法和观点，但在发表意见的同时，是否需要扪心自问的是这些观点是否经过独立的缜密思考？是否真正分析和调查过事件，而不被他人的思想所左右？

（2）科学普及能"嵌入"社会热点事件整个过程

一般而言，社会热点事件通常都会经历形成、演化和终结过程，在社会热点事件形成过程中，科学普及通过政治、文化嵌入社会热点事件；在社会热点事件演化过程中，科学普及通过关系嵌入、结

---

[1] "'华南虎'照片疑云"，载http：//society.people.com.cn/GB/8217/6601832.html。

[2] "动车不等于高铁，兴师问罪请看清对象"，载 http：//news.sohu.com/s2011/dianji-717/。

构嵌入社会热点事件；而在社会热点事件终结过程中，科学普及通过认知嵌入社会热点事件。例如，2011 年受日本福岛地震和核辐射影响的影响，我国部分城市出现了食盐抢购现象，造成一定程度的恐慌。“抢盐事件”最终随着盐业主管部门的辟谣和科学普及的推进而逐渐平息，也让社会生活恢复正常秩序。

7.2 优化互动关系的重点领域

7.2.1 知识准确性的困惑

尽管当前社会热点事件产生的负面效应为科学普及“嵌入”脱域机制提供了社会契机，但真正化解这些负面社会效应，修补或重构社会普遍信任体系还有很长的一段路要走，有很多困难需要克服，有很多问题需要思考。知识的准确性就是首先要解决的困难之一。

针对“7·23”甬温线特别重大铁路交通事故事件，如何才能建立对高铁的社会普遍信任呢？有不少网友认为，铁道部应该大力普及有关动车组和高铁的知识，让民众消除疑惑，知道高铁技术是安全的，可放心乘坐。但仔细思考此次事件，仅普及动车高铁的有关科学知识是远远不够的。这正如出现了“伪养生”事件就要普及养生的科学知识，出现了“三鹿奶粉”事件就要普及有关食品安全的科学知识一样，会犯“南辕北辙”的错误，是一种典型的“治标不治本”的应急方法。人类社会发展史告诉我们，知识是无穷无尽的，科学普及也没有终点。在这一过程中，很多知识不一定就是正确的，因为“在现代性的条件下，客观物质世界变化的程度与速度是以往传统社会无法比拟的，因而人类对客观物质世界的认识必然也就是不稳定的、多变的，现代性的反思事实上削弱了知识的确定性。”❶知识是变化着的知识，随着社会的发展，人类对世界了解的不断深入，知识的不确定性、非普遍性也日益明显地表现出来，那种带有确定性、普遍性和必然性的知识也越来越少。因此，仅仅普及现有的动车和高铁的有关知识无异于“授人以鱼”，不是长久之计，也远远不能够满足人们的需求，当人们遇到其他事件时还是会出现错误的认识。这样的事例屡见不鲜。

怎样才能夯实信任基石，而使其永久不动摇，真正“授人以渔”呢？答案即是——只有培育科学理性，提高社会科学能力和公众的科学素养才是最根本的解决之道。

7.2.2 科学普及的根本任务

科学由两部分组成，一部分是科学知识，通过科学技术可以转化为现实生产力，有直接的、实用的价值；另一部分是的科学精神、科学思想、科学方法等，是人类对自然界的一种认识方式，是促进人类挣脱黑暗与愚昧的一种智慧。❷科学普及不仅应该普及科学知识，更应该普及这些以科学知识为载体的科学精神、科学思想、科学方法等，从而培养人们的科学理性思维，提高公众的科学素养水平。

人类社会和自然界一样，其发展都是有规律的，而这种规律性的知识是可以被人类所掌握的，这就是科学理性思想。众所周知，西方的文艺复兴运动、法国思想启蒙运动和德意志的宗教改革，在

❶ 胡颖峰：《吉登斯现代性思想研究》，中央编译出版社 2011 年版，第 75 页。

❷ 任海、刘菊秀、罗宇宽：《科普的理论、方法与实践》，中国环境科学出版社 2005 年版，第 53 页。

塑造西方现代文明的过程中起到了极大的作用，启蒙思想家要求人们运用理性来破除对宗教迷信的盲从，用科学知识来消除神话和幻想，彻底瓦解神秘的宗教世界图景，从而最终使人摆脱蒙昧的状态。在这种理性思想的指引下，社会的科学能力不断提高，新的发现、新的技术通过科普不断传播，为越来越多的人所认识，从而提高了公众的科学素质和识别能力，使整个社会向着理性的方向前进。

理性的意义在于对自身存在及超出自身却与生俱来的社会使命负责。以理性为判断与衡量事物合理性的源泉和标准，是科学普及在脱域机制中修补或重构社会普遍信任体系最本质的方法。理性通过论点与具有说服力的论据发现真理，通过符合逻辑的推理而非依靠表象而获得结论、意见和行动的理由。科学的普及需要提高理性原则，使人们在理性原则的指导下，采取分析的态度，按照世界本来的面目去认识对象世界，验证对象世界，从而摆脱愚昧、习惯、传统，甚至迷信，从而客观公正地去看待现实世界。正如康德所说："启蒙运动就是人类脱离自己所加之于自己的不成熟状态。不成熟状态就是不经别人的引导，就对运用自己的理智无能为力。当其原因不在于缺乏理智，而在于不经别人的引导就缺乏勇气与决心去加以运用时，那么这种不成熟状态就是自己所加之于自己的了。要有勇气运用自己的理智！"❶

如果公众不了解科学的思维方式和研究方法，那么呈现在他们面前的所谓科学知识只能是一些没有证据的论断，公众也必然会缺乏分辨科学与伪科学的能力，最终那种以象征标志和专家系统的脱

---

❶ ［德］康德：《历史理性批判文集》，何兆武译，商务印书馆1990年版，第23页。

域机制也必将失灵，社会生活将陷于混乱之中。

7.2.3 科学普及现实的紧迫性

当前，我国社会尤其需要培养民众这种科学的理性思维。从中国科协在北京发布的第八次中国公民科学素质调查结果的数据来看，2010年我国公众具备的基本科学素养水平的比例为3.27%，仅相当于西方主要发达国家和地区在20世纪80年代末90年代初的水准，与美国相比更是有着悬殊差距。这种情况在很大程度上造成了人们对科学精神的缺失和漠视，因此也就不难想象在科学判断能力如此薄弱的情况下，伪科学为什么在我国有着极为“广阔”的生存与发展空间。张悟本会成为京城最贵的“养生名医”，一张挂号费价值2000元、咨询日程已排满2012年的神话也就不足为奇了。[1]

当前，我国正处于国际上所谓的人均GDP1000～3000美元的“不协调因素活跃期”，公民科学素质不高，严重影响到我国经济社会的发展，社会信任体系面临严重威胁，脱域机制的基础性功能也在不同程度上受到削弱。因此，基于脱域机制基础上的科学普及亟需加强推进。

7.3 优化互动关系的可行路径

为了修补或重构社会普遍信任体系，确保脱域机制正常发挥其基础性功能，当前需要做的并不是强调科学知识的重要性，而应该通过各种渠道向公众展示科学发现真实而曲折的历史和可能的误解，

[1] “京城最贵‘中医’张悟本300元的号2012年才能见到他”，载http：//www.sc.xinhuanet.com/content/2010-05/25/content_19878882.htm。

以及深藏于科学活动内部的理性思维方式。培根说，知识的力量不仅取决于其本身的价值大小，更取决于它是否被传播以及传播的深度和广度。科学普及的根本任务就是把人类已经掌握的科技知识和生产技能，以及从科学实践中升华出来的科学思想、科学方法和科学精神，通过各种方式和途径传播到社会的各个方面。因此，从某种意义上讲，基于脱域机制的科学理性思维的培养，归根结底是科学普及的反思性运用的结果。其培养途径主要表现如下：

（1）加强科学普及创作队伍的建设，繁荣科普作品

我国科普创作人才匮乏，没有大师级的科普作品，科普专业队伍薄弱，素质欠缺。国外许多著名的科学家在他们学术上有所建树和突破以后，常常会写一本科普读物向社会介绍他们的研究成果，而且每年都要做几次科普演讲或广播，而学术论文的读者和学术报告的听众总是很有限的，但科普文章的读者和科普广播、讲演的听众却数以万计，影响也相对于论文和报告更加广泛与深远。2002 年出现的“霍金现象”，《时间简史》的畅销，便很好地说明了科普作品对科学普及的影响。[1]

而在国内，目前大部分科学家都不擅长写或根本不写科普文章，主要原因在晋升和评定技术职称时，科普作品研究成果通常不被认可。此外，科普系列专业技术资格评审系统也严重缺乏，以至于科普文章的创作积极性不高。科普工作者龚世平博士则建议，“尝试让科学家和艺术家协作来完成相关的科普作品，也许可以起到意想不

[1] 刘中侠、史玉民、蒋诗平：“‘霍金现象’析因及对中国科普的反思”，载《科普研究》2007 年第 1 期。

到的效果”。[1]

因此，我国应该加强科普创作队伍的建设，激励广大科普创作者勤奋创作，向社会推出更多通俗易懂、深入浅出、思想艺术性较强的科普作品，从而激发广大民众对科学的兴趣，潜移默化中培育民众科学精神和理性思维，这也是对“专家系统”这种脱域机制类型的巩固和强化。

（2）借助教育系统加强对青少年的科普教育，推进科普教育改革

我国科学普及工作应该以青少年为主要对象。由于青少年思想尚未成熟，对事物的辨别能力较弱，容易受到不良思想的影响，因此应该通过科学普及向青少年宣传科学思想、科学方法和科学精神，从而培养他们树立正确的世界观、价值观和人生观。科学普及的重点应该激发广大青少年对科技的兴趣和好奇心，在基于科学探究的科普活动上使青少年学生能够发现问题、自我思考，主动作出判断和行动，从而培养青少年独立思考及动手能力。

与此同时，科普教育需要增加灵活性，要通过科学普及推动有关部门改变传统纯粹灌输知识的填鸭式教学，提倡学生要有怀疑精神，多问些为什么，多思考些怎么办，使学生在实践中掌握基本的科学研究方法，充分发挥他们的思维能力和创造能力。

（3）努力凸显大众传媒的重要作用，培育科普生力军

大众传媒是我国公众获取科技信息的主要渠道和影响我国公众科学素养变化的重要因素。随着科技与社会的发展，大众传媒正以

[1] 转引自刘宇雄：“从非诚勿扰‘物理男’看我们的科普缺什么？”，载《广东科技报》2011 年 7 月 25 日。

多样化的方式快速、便捷地进行科学普及，如报刊、广播、影视、互联网等，尤其是互联网的快速发展，为科学普及提供了全新的载体，网络科普成为新时期科普工作不可或缺的重要手段。大众传媒在社会热点事件中积极充当教育者的角色，实行解释性报告，进行科普教育，正确引导舆论，引起民众对事件的反思。科普网站和科普人员博客、微博的建立积极倡导科学方法，普及科学知识，弘扬了科学精神，传播了科学思想，从而提高了公众对科学工作的理解。

正如科普作家刘如春所提倡的，全社会要切实加大科普宣传的有效性，形式可以不拘一格。当然，在普及科学知识的同时，不能丢掉科学温和、有力、开放的性格。例如，可以充分发挥百姓喜闻乐见的电视与网络等媒体的作用，特别是网络衍生出来的新兴媒体（如微博），力争把百姓关心的热点科普问题，融入其中，甚至也可以考虑或尝试将其融入大众喜闻乐见的娱乐节目中。

综上所述，科学普及在脱域机制理论的反思性运用，不仅为科学普及提供了新的理论基础和视角，而且推动了在哲学层面上对传统科学普及工作的深刻反思。现代社会是建立在以象征标志和专家系统为主要内容的脱域机制之上的，脱域机制能否顺利发挥其基础性功能将决定着社会的前进与倒退，决定着人们日常生活的便捷与畅通。因此科学普及要通过培养公众科学理性的思维，积极主动地化解社会热点事件带来的负面效应。在这方面，科学普及的任务既无比光荣，也任重道远。

8 结论与展望

8.1 研究结论

本书基于公共管理、公共政策、科技中介组织管理及社会学等相关理论，运用文献分析法、演绎归纳法、案例分析法、比较分析法、定量分析法［如主成分分析法（PCA）及数据包络分析法（DEA）］等,对科学普及与社会热点事件互动关系进行较为科学的论证与阐述，取得了一些阶段性的结论，主要如下：

第一，社会热点事件有效“给力”科学普及。

这一结论主要基于以下几个理由：

① 社会热点事件有效提供了“鲜活”科普素材。社会热点事件相对于传统的科普资源素材有明显优势，例如，诸如媒体、报纸、书籍、电视、网络、科普博物馆更多地将现存的科普知识“固化”之后，再提供给社会公众，从而完成其科普使命，社会公众往往是被动接受，而很难参与其中，而社会热点事件总是能提供更鲜活的信息，而且将广大公众置于其中。

② 社会热点事件提供了优质的科普契机。其正面事件之科普契机、突发事件之科普契机、负面事件之科普契机各有其独特的价值。

正面事件往往能够令人在心情愉悦、心态放松的情境下主动接受或参与科普，即使在事件结束后，这种科普契机也能持续较为长久的时间，正面事件之科普契机呈现出普适性、可持久性和易操作性。突发事件期间宣传的科技知识，不仅为公众特别关注，而且还与公众的切身利益密切相关，留给公众的记忆也是最深刻的。从这个角度来说，突发事件之科普契机应该是突发事件发生后难得的科普宣传机遇，其呈现出时效性、针对性和挑战性等特征。负面事件，不论是天灾还是人祸，都会给公众的社会生活带来破坏性甚至是毁灭性的影响，最为严重的影响莫过于它们对社会普遍信任体系的动摇，但正是由于这种不信任为科普嵌入社会热点事件提供了契机。

③ 社会热点事件提升科普效应。社会热点事件提升科普效应主要集中在时间跨度，受众范围，科普效果的深化，公众学习态度和学习方式的转变等四个方面。

第二，科学普及嵌入社会热点事件的模式。

基于社会资本理论与科学传播理论，本书尝试提出科学普及嵌入社会热点事件的三种基本模式：政治嵌入、关系嵌入和认知嵌入。

科学普及通过政治嵌入模式嵌入社会热点事件，主要是指与政治相关的运动、行为以及权力通过科学普及的方式，嵌入与科学普及相关的社会热点事件中，并使相关社会热点事件发生根本性变异。由于政治嵌入，发挥“结构洞”功能的科学普及使政治系统和政治行为不再是相对独立的，而是泛化的，它使科普活动及其社会热点事件附带上政治性，从而改变了科学普及的性质和科普授者、科普受者以及传媒之间的关系。

关系嵌入，是指行动者与个体之间的一种相互作用，它反映了个体的特征在多大程度上影响到行动者的具体活动。科学普及关系嵌入社会热点事件，实际上是指科普授者与受者之间不断进行着互动的双向选择过程，在此过程中，充当“结构洞”的科学普及嵌入与科学普及相关的社会热点事件中，并使相关社会热点事件发生根本性变异，从而推动社会热点事件的演变。

认知嵌入通常是指人类思维由于受其心智活动的影响，导致其行为随着认知水平的变化而发生变化。科学普及认知嵌入社会热点事件则主要是指公众随着其认知水平的提高，对产生的社会热点事件能在较短时间内形成正确的判断，从而自觉接受科学普及的辐射作用。科学普及通过认知嵌入社会热点事件中，并使相关社会热点事件发生根本性变异，在一定程度上加速了负面社会热点事件的终结。

第三，科学普及规范社会热点事件的效应扩散。

科学普及规范社会热点事件的效应扩散主要表现为两个方面：一是促进社会热点事件正面效应的有序扩散；二是有效抑制社会热点事件负面效应的不当扩散。

第四，构建科学普及与社会热点事件的互动机理。

社会热点事件与科学普及的互动机理，是以科普教育供给和公众科普需求为基础，进而通过一定的程序和规范产生实际效用。

其研究前提在于首先构建社会热点事件与科学普及互动体系的框架，明确相关主体及所涉领域。如图 8-1 所示：

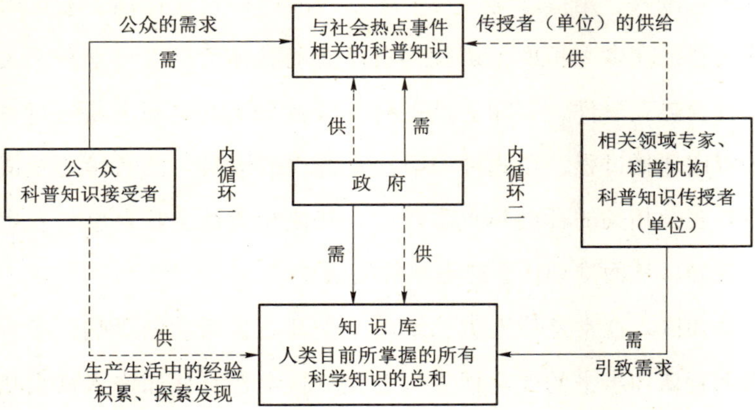

图 8-1 社会热点事件与科学普及互动过程循环图

在此基础上，通过引入弹性的概念对公众知识水平在互动机理的影响进行分析，研究科普教育供给和公众科普需求对社会热点事件引发的公众知识水平变动的敏感程度。科普教育供给弹性有四个类型：

① 如果公众知识水平变动 1 个百分点引起的科普教育供给量的变动超过 1 个百分点，则该项科普知识就富有科普教育供给弹性。

② 如果公众知识水平变动 1 个百分点引起的科普教育供给量的变动不足 1 个百分点，则该项科普知识就缺乏科普教育供给弹性。

③ 如果公众知识水平变动的百分点恰好等于其引起的科普教育供给量的变动的百分点，则该项科普知识就拥有单位科普教育供给弹性。

④ 科普教育供给弹性为无穷大和零这两种极端情况，及完全有弹性和完全无弹性。完全无弹性，是指科普教育供给量对公众知识

水平的变动不作任何反应。相反，完全有弹性，是指公众知识水平微小的变化会导致科普教育供给量发生无穷大的变化。

最后，通过分析科普教育供给和公众科普需求共同作用下所形成的科普均衡状态，对社会热点事件与科学普及互动机制的最终目标和实际成效提出设想。

第五，优化科学普及与社会热点事件互动关系的逻辑途径。

主要有三个途径：一是加强科学普及创作队伍的建设，繁荣科普作品；二是借助教育系统加强对青少年的科普教育，推进科普教育改革；三是努力凸显大众传媒的重要作用，培育科普生力军。

8.2 研究展望

首先，由于题目的理论属性，本书主要致力于从理论角度对科学普及与社会热点事件之间互动关系进行深度剖析，尽管取得了部分阶段性成果，但其科学性与可操作性并未经过实践检验，因此下一步研究将主要集中在应用性方面的研究。

其次，由于时间及科研能力的局限，本书的研究在一些方面也存在较大不足和缺陷，主要集中在以下方面：

① 将社会热点事件提供的科普契机分为三类（正面事件之科普契机、突发事件之科普契机、负面事件之科普契机）的标准界限不甚严格，实际上突发事件之科普契机与其他两类在边界上有较大的重合，为了强调突发事件而人为将其归为一类，终不免有些牵强；

② 在社会热点事件提升科普效应的论述中，将四个评价指标（时间跨度、受众范围、科普效果的深化、公众学习态度和学习方式的转变）分为广度与深度两个范畴是否合理也是值得进一步商榷的；

③ 在科学普及与社会热点事件关联度分析中，样本采集数量过少也必然影响到随机抽取样本的科学性，进而影响到定量分析准确性；

④ 尽管全书最后提出了基于脱域机制理论的科学理性思维的培养途径，但全书较多从哲学层面阐释脱域机制理论对科学普及的理论借鉴意义，从而对于培养路径创新不够，有老生常谈之感。

基于上述问题，下一步在注重应用研究的基础上，也将同时逐步完善本书存在的种种不足，努力为我国科普事业作出青年学者应有的贡献。

参考文献

[1] Daniels. G. H. *American Science in the Age of Jackson* [M]. Tuscaloosa: The University of Alabama Press, 1968.

[2] Burnham. J. *How Superstition Won and Science Lost* [M]. New Brunswick: Rutgers University Press, 1987.

[3] Kett. J. F. *The Pursit of Knowledge under Difficulties* [M]. California: Stanford University Press, 1994.

[4] Crosland. M. Popular science and the arts: challenges to cultural authority inFrance under the Second Empire [J]. *British Journal of History of Science*, 2001.

[5] J. Ziman. *The Force of Knowledge: The Scientific Dimension of society* [M]. Cambridge University Press, 1976.

[6] Royal Society of London. The Public Inderstanding of Science, London: Royal Society, 1985.

[7] James Conant. The Search for Logically Alien Thought Descartes, Kant, Frege, and the Tractatus [J]. *Philosophical Topics*, 1992.

[8] M. O. Pella. Concept learning in science [J]. *The Science Teacher*, 33 (1).

[9] V. M. Showalter. Two Cannabinoid Receptors Have Been Identified to Date [J]. *Journal of Medicinal Chemistry*. 1974.

[10] R. E. Yager. Status Study of Graduate Science Education in the United States, Final Report to the National Science Foundation, 1960-80.

[11] National Science Teachers Association. Science-Technology-Society: Science Education for the 1980s: NSTA Position Statement. Author, Washington. DC, 1978.

[12] Jon. D. Miller. Scientific Literacy: A Conceptual and Empirical Review [J]. *Daedalus*, 1983.

[13] Nelson. Jim. What Is Science? [J]. *Science Teacher*, Mar 2002.

[14] Hua. L. Oliver. J. S. , Jackson, D. F. and Tippins, D. A. Technique for the Identification of an Operational Definition for Scientific Literacy. http://www.aber.ac.uk/mediahtml, 2005-06-07..

[15] Sohail Agha. The Impact of Mass Media Campaigns on Intentions to Use the Female Condom in Tanzania [J]. *Ronan Van Rossem PSI Research Division Working*, 2001.

[16] Abigail. C, Saguy Rene Almeling. Fat in the Fire?, Science, the News Media, and the "Obesity Epidemic" [J]. *Sociological Forum*. 23: 1, 2007.

[17] J. Timmons Roberts and Bradley C. Parks, "Ecologically Unequal Exchange, Ecological Debt, and Climate Justice: The History and Implications of Three Related Ideas for a New Social Movement" [J]. *International Journal of Com-parative Sociology*, Vol. 50, 2009.

[18] Mike. S. Schäfer. From Public Understanding to Public Engagement: An Empirical Assessment of Changes in Science Coverage [J]. *Science*

Communication, 2009.

[19] Dominique Brossard. Media, Scientific Journals and Science Communication: Examining the Construction of Scientific Controversies [J]. *Public Understanding of Science*, 2009.

[20] Alison Shaw. "It Just Goes against the Grain." Public Understandings of Genetically Modified (GM) Food in the UK [J]. *Public Understanding of Science*, 2002.

[21] Anabela Carvalho. News on Climate Change Ideological Cultures and Media Discourses on Scientific Knowledge: Re-reading [J]. *Public Understanding of Science*, 2007.

[22] Ulrika Olausson. Global Warming—global Responsibility? Media Frames of Collective Action and Scientific Certainty [J]. *Public Understanding of Science*, 2009.

[23] Caren. B. Cooper. Media Literacy as a Key Strategy toward Improving Public Acceptance of Climate Change Science [J]. *Bioscience*, 2011.

[24] Heather Dietrich and Renato Schibeci. Beyond Public Perceptions of Gene Technology: Community Participation in Public Policy in Australia [J]. *Public Understand of Science*, 2003 (12).

[25] Børsen Hansen. Academic and Social Responsibility of Scientists [J]. *ISYP Journal on Science and World Affairs*, Vol. 2, No. 2, 2006.

[26] P. N. Mwale. Democratization of Science and Biotechnological Development: Public Debatev on GM Maize in South Africal [J].

Africal Development, Vol. 33, No. 2, 2008.

[27] Anders Hansen. Communication, Media and Environment: Towards Reconnecting Research on the Production, Content and Social Implications of Environmental: Communication [J]. *International Communication Gazette*, 2011 (8).

[28] Joanna Gamble and Elsa Kassardjian. The Use of Selected Community Groups to Elicit and Understand the Values Underlying Attitudes Towards Biotechnology [J]. *Public Understanding of Science*, 2008 (17).

[29] Ballard. H., Pilz. D、Jones. E. T., Getz. C, Training Curriculum for Scientists and Managers: Broadening Participation in Biological Monitoring. Corvalis [J]. *Institute for Culture and Ecology*, 2005 (16).

[30] Bonney. Rand LaBranche. M, Citizen. Science: Involving the Public in Research [J]. *ASTC Dimensions*, 2004 (13).

[31] Brossard. D、Lewenstein. B、Bonne. R. Scientific Knowledge and Attitude Change: The Impact of a Citizen Science Project [J]. *International Journal of Science Education*, 2005 (9).

[32] Bruce. V. Lewenstein. the Meaning of Public Understanding of Science in the United States after World War Ⅱ [J]. *Public Understanding of Science*, Jan. 1992 (1).

[33] Ulrich Beck. *Risk Society: Toward a New Modernity* [M]. London: Sage Publications, 1992.

[34] Maxwell. T. Boykoff and J. Timmons Roberts. Media Coverage of

Climate Change: Current Trends, Strengths, Weaknesses, Human Development Report 2007/2008.

[35] Pascal Newbourne Mwale. Democratization of Science and Biotechnological Development: Public Debate on GM Maize in South Africa [J]. Council for the Development of Social Science Research in Africa, 2008.

[36] Cooper. C. B, Dickinson. J, Phillips. T, Bonney. R, Citizen Science as a Tool for Conservation in Residential Ecosystems [J]. *Ecology and Society*, 2007: 12 (2).

[37] Bonney. R、Cooper. C. B、Dickinson. J, Kelling. S, Phillips. T, Rosenberg. K. V、Shirk. J. Citizen Science: A Developing Tool for Expanding Science Knowledge and Scientific Literacy [J]. *BioScience*, 2009: 59 (11).

[38] John Stein. What' s News: Perspectives on HIV/AIDS Advocacy in the South African Media [J]. Centre for Social Science Research University of Cape Town, 2003.

[39] Melissa Leach. MMR Mobilisation: Citizens and Science in a British Vaccine [J]. *the Institute of Development Studies*, 2005.

[40] Miller Steve. Public Understanding of Science at the Crossroads. "Science Communication, Education and the History of Science" organized by the British Society for the History of Science, London [J]. *Royal Society*, July 12 to 13, 2000.

[41] Laugksch, Rudiger. C. *Scientific Literacy: A Conceptual Overview* [M]. Scientific Literacy. John Wiley&Sons, Inc. , 2000.

[42] Michael, Weigold. Communicating Science. Chapter 17. Communicating Science, 2006: 10.

[43] Office of Science and Technology. Wellcome Trust, Science and the Public: A Review of Science Communication and the Public Attitudes to Science in Britain, Oct. 2000.

[44] Li Daguang. *Public Scientific Literacy in China. Bulletin of the Chinese Academy of Sciences* [M]. Science Press, 1995, 9 (4).

[45] Miller. J, Rafael Pardo, Niwa Fujio. Public Perceptions of Science and Technology-A Comparative Study of the European Union, the United States, Japan and Canada. Foundation BBV [J]. *Chicago Academy of Sciences*, 1997.

[46] Miller. J. Scientific Literacy: A Necessity in the 21st Century FAS Public Interest Report [J]. *The Journal of the Federation of American Scientists*. January/February 2002, 55 (1).

[47] Bucchi, Massimiano. Chapter 13. A Public Explosion: Big-Bang Theory in the UK Daily Press, Between Understanding and Trust: The Public, Science and Technology [M]. Harwood Academic Publishers, 2000.

[48] Gregory, Jane, Steve Miller, Science in Public: Communication, Culture and Credibility [M]. Perseus Publishing, 2000.

[49] National Science Foundation. Science and Engineering Indicators [J]. *National Science Board*, 2002.

[50] National Science Foundation, Science and Engineering Indicators [J]. *National Science Board*, 2004.

[51] Li Daguang. , *Public Understanding of and Attitudes towards Science&Technology in China. Bulletin of Academy of Sciences* [M]. Science Press, 2005, 19 (3).

[52] Miller. J. *The Measurement of Scientific Literacy* [M]. Public Understanding of Science, 1998.

[53] Miller. J. Scientific Literacy: A Conceptual and Empirical Review [J]. *Daedalus*, 2002 (2).

[54] Rachel Carson. *Silent Spring* [M]. Boeton: Houghton, Mifflin, 1962.

[55] Barry Commoner. The Closing Circle: Nature, Man, and Technology [J]. New York: Knopf, 1971 (11).

[56] William. W. Cooper. Lawrence. M. Selford and Joe Zhu, Handbook on Data Envelopment Analysis [J]. *International Series in Operations Research & Management Science*, 2011, Volume 164.

[57] Hervé Abdi and Lynne J. Williams, Principle Component Analysis [J]. *Computational Statistics*, 2010, Volume 2, Issue 4.

[58] Lin Nan. *Social Capital: A Theory of Social Structure and Action* [M]. Cambridge University Press, 2001.

[59] Burt. Ronald. *Structure Holes: The Social Structure of Competition* [M]. MA: Harvard University Press, 1992.

[60] Pierre Bourdieu. *The logic of Practiee* [M]. Cambridge: Polity Press; Stanford: Stanford University Press, 1990.

[61] Coleman, James. S. *The Foundations of Social Theory* [M]. Calllbridge, MA: Belknap, Press of Harvard University Press, 1990.

[62] [美] 劳丹. 进步及其问题 [M]. 北京：华夏出版社，1990.

[63] [美] 查尔斯·扎斯特罗．社会问题：事件与解决方案 [M]. 罗玲，陈玉娜，刘梦，等，译. 北京：中国人民大学出版社，2011.

[64] [美] J. M. 卡龙. 社会问题读本 [M]. 北京：北京大学出版社，2005.

[65] [德] 盖伦．技术时代的人类心灵问题：工业社会的社会心理问题 [M]. 何兆武，何冰，译. 上海：上海科技教育出版社，2008.

[66] [法] 马赛尔·德吕勒．健康与社会——健康问题的社会塑造 [M]. 张小鲁，译．北京：译林出版社，2009.

[67] [美] 刘易斯·芒福德．技术与文明 [M]. 陈允明，王克仕，李华山，译. 北京：中国建筑工业出版社，2009.

[68] [美] 戴维斯．古代悲剧与现代科学的起源 [M]. 郭振华，曹聪，译. 上海：华东师范大学出版社，2008.

[69] [德] 迈诺尔夫·迪尔克斯，克劳迪娅·冯·格罗特．在理解与信赖之间：公众、科学与技术 [M]. 田松，卢春明，陈欢，等，译. 北京：北京理工大学出版社，2006.

[70] [美] 约翰·C. 伯纳姆．科学是怎样败给迷信的——美国的科学与卫生普及 [M]. 钮卫星，译. 上海：上海世纪出版集团，2006.

[71] 马克思恩格斯全集（第 20 卷）[M]. 北京：人民出版社，1965.

[72] [美] R. K. 默顿．科学社会学 [M]. 鲁旭东，等，译. 北京：商务印书馆，2003.

[73] [德] P. 佩汉，[荷] G. E. 弗里斯．转基因食品 [M]. 陈卫，等，译. 北京：中国纺织出版社，2008.

[74] [法] 涂尔干．社会分工论 [M]. 渠东，译. 北京：三联书店，2000.

[75] [英] 吉登斯．现代性与自我认同 [M]. 田禾，译. 北京：三联书店，1998.

[76] [英] 吉登斯．现代性的后果 [M]. 田禾，译. 南京：译林出版社，2000.

[77] [美] 库恩．科学革命的结构 [M]. 北京：北京大学出版社，2003.

[78] [英] 约翰．齐曼．知识的力量——科学的社会范畴 [M]. 许立达，等. 译. 上海：上海科学技术出版社，1985.

[79] [美] I. B. 科恩．科学中的革命 [M]. 鲁旭东，赵培杰，等，译. 北京：商务印书馆，1998.

[80] [加] 瑟乔·西斯蒙多．科学技术学导论 [M]. 许为民，等，译. 上海：上海世纪出版集团，2007.

[81] [美] 丹尼斯·麦奎尔，斯文·温德尔．大众传播模式论 [M]. 祝建华，武伟，译，上海：上海译文出版社，1987.

[82] [美] 韦伯．社会科学方法论 [M]. 李秋零，译. 北京：中国人民大学出版社，1999.

[83] [美] 贝尔纳．科学的社会功能 [M]. 陈体芳，译. 北京：商务印书馆，1982.

[84] [美] 乔治·米德．心灵、自我与社会 [M]. 霍桂桓，译. 北京：华夏出版社，1999.

[85] 徐文清．从转基因之争看科普奖励之重［J］．科普研究，2010（3）．

[86] 中国科普研究所《中国科普效果研究》课题组．科普效果评估理论和方法［M］．北京：社会科学文献出版社，2003.

[87] 黄永明．公共事件中的科学追问［J］．科技导报，2008，26（3）．

[88] 徐善衍．关于当代科普的人文思考［J］．科普研究，2010（3）．

[89] 宋新元等．关于我国开展转基因生物科普工作的思考［J］．农业科技管理，2010（12）．

[90] 黄华新，李磊，俞国女．科学传播与公众科学素养［J］．中国传媒报告，2003（1）．

[91] 李峥．互联网与青少年科学传播［J］．科普研究，2007（3）．

[92] 王章豹，岳静．加强地震科普工作，增强全民防震减灾意识和能力——来自汶川大地震和日本的启示［J］．中国科技论坛，2009（8）．

[93] 戚震扬．科技新闻在突发公共事件中的角色研究——从议程设置的角度［D］．华东师范大学硕士学位论文，2010.

[94] 李福鹏，姜萍．科学传播中科学家缺席的原因探析——以“蕉癌”事件为例［J］．自然辩证法研究，2009（6）．

[95] 徐振兴．科学与公众的分离研究［J］．湖南大学学报（社会科学版），2010（7）．

[96] 黄晓慧，詹琰．科研人员博客的科普内容研究—-以科学网博客为例［J］．科普研究，2010（2）．

[97] 梁璐．论大众传媒在科普传播中的低效问题［J］．东南传播，2010（7）．

[98] 颜美群．论突发公共卫生事件中科技新闻传播的角色功能——以“甲型 H1N1 流感”、“非典”等事件为例［J］．新闻世界，2009（11）．

[99] 刘新芳．深入贯彻《科普法》，加强灾害科普教育——汶川大地震带来的启示［J］．科普研究，2008（5）．

[100] 张晶晶．食品营销环节中的科学传播研究——以 2009 年石家庄嘉禾啤酒的营销活动为例［D］．河北大学硕士学位论文，2010．

[101] 刘滢．他们是怎样“粉碎”核辐射谣言的？——民间科普组织“科学松鼠会”的启示［J］．中国记者，2011（4）．

[102] 成海民．谈气象防灾减灾知识的普及［J］．中国科技信息，2010（18）．

[103] 朱登科．突发公共事件中网络媒体应急科普的作用分析——以人民网、新浪网对汶川地震、甲型 H1N1 流感相关报道为例［J］．科技传播，2010（2）．

[104] 侯蓉英，呼东燕．突发性灾难事件的电视科普节目研究——以 5·12 汶川大地震央视媒体报道为例［J］．华北科技学院学报，2008（3）．

[105] 何祚庥．为什么必须批评和揭露伪科学？［J］．科学对社会的影响，2007（1）．

[106] 杨尚鸿．我国公共科学传播理论与实践初探——以 2009 国际天文年日全食多路联合直播为例［J］．人文杂志，2010（1）．

[107] 邓泽华. 我国环保科普工作现状及对策 [J]. 法制与社会, 2010 (10).

[108] 苏冰, 史玉民. 我国科普网站发展现状、问题及对策探析 [J]. 未来与发展, 2008 (5).

[109] 曲小敏. 由易中天的“火”引发的科普杂想 [C]. 中国科普理论与实践探索——2008《全民科学素质行动计划纲要》论坛暨第十五届全国科普理论研讨会文集.

[110] 居云峰. 中国科普的六个新理念 [J]. 科普研究, 2010 (1).

[111] 孙凯. 重大科技事件的电视直播报道研究 [D]. 湖南大学硕士学位论文, 2010.

[112] 袁长江等. 重大突发事件后两份儿童青少年科普知识宣传画页应急编创理念剖析 [J]. 科普研究, 2008 (5).

[113]《科学技术普及概论》编写组. 科学技术普及概论 [M]. 北京: 科学普及出版社, 2002.

[114] 吴秀粼. 加强科普工作是反对封建迷信的战略性工程 [J]. 中共福建省委党校学报, 2003(12).

[115] 何郁冰. 从系统论的角度论科学传播 [J]. 系统辩证学学报, 2004(3).

[116] 丁邦平. 国际科学教育导论 [M]. 山西: 山西教育出版社, 2002.

[117] 叶禹卿. 科学新课程与科学素质培养——中小学科学教育 [M]. 北京: 中国纺织出版社, 2002.

[118] 赖小琴. 广西少数民族地区高中学生科学素养研究 [D]. 博士论文, 2007.

[119] 郭元婕. “科学素养”之概念辨析 [J]. 比较教育研究, 2004 (11).

[120] 顾志跃. 科学教育概论 [M]. 北京: 科学出版社, 1999 (1).

[121] 朱亚宗. 近代科学思想史论 [M]. 长沙: 湖南教育出版社, 1988.

[122] 刘中侠, 史玉民, 蒋诗平. “霍金现象”析因及对中国科普的反思 [J]. 科普研究, 2007 (1).

[123] 尚重生. 代中国社会问题透视 [M]. 武汉: 武汉大学出版社, 2010.

[124] 迟树功, 宁福海. 当前社会热点难点问题研究 [M]. 济南: 山东大学出版社, 2010.

[125] 荣荣. 社会问题报道与受众心理引导研究 [M]. 北京: 中国传媒大学出版社, 2009.

[126] 任海, 刘菊秀, 罗宇宽等. 科普的理论方法与实践 [M]. 北京: 中国环境科学出版社, 2005.

[127] 李少林. 经典科普故事 [M]. 北京: 中国戏剧出版社, 2003.

[128] 北京大学科学传播中心. 中国科学技术普及概况 [M]. 中国科普研究所, 2001.

[129] 卞敏麟. 关于成人科普的两点思考 [J]. 中国图书评论, 2000 (13).

[130] 蔡铁权. 公众科学素养与 STS 教育 [J]. 全球教育展望, 2002 (31).

[131] 陈凡，郭晓岩．论我国科普发展趋势及走向［J］．科技成果纵横，2002（1）．

[132] 戴元光．传播学研究理论与方法［M］．上海：复旦大学出版社，2003．

[133] 丁颖，娄治平，管开云．中国科学院植物园科普教育功能及管理模式概况［J］．科学对社会的影响，2001（4）．

[134] 李建珊．科学文化的起源与发展［M］．天津：南开大学出版社，2004.

[135] 国务院．全民科学素质计划行动纲要（2006—2010—2020）［M］．北京：人民出版社，2006.

[136] 杨文志，吴国斌．现代科普导论［M］．北京：科学普及出版社，2004.

[137] 李正伟，刘兵．对英国有关“公众理解科学”的三份重要报告的简要考察与分析［J］．自然辩证法研究，2003（5）．

[138] 刘为民．试论“科普”的源流发展及其接受主体［J］．科学学研究，2000（3）．

[139] 殷登祥．科学、技术与社会概论［M］．广州：广东教育出版社，2007.

[140] 刘华杰．论科普的立场与科学传播的信条［J］．自然辩证法研究，2004（8）．

[141] 林坚．科技传播的结构与模式探析［J］．科学技术与辩证法2001（4）．

[142] 高士其．让科普工作为社会主义的两个文明做出贡献［C］．中国科普作协成都科普学研究小组《科普学文汇》第2集，

成都：四川科学技术出版社，1985.

[143] 黄时进. 哲学视野中的科学传播受众研究［D］. 复旦大学硕士论文，2005.

[144] 杨怀中，等. 科技文化与中国和谐社会建构［M］. 北京：中国社会科学出版社，2008.

[145] 马蕾蕾. 国外科学普及模式发展趋势概览［J］. 科技中国，2006（4）.

[146] 江泽民. 论科学技术［M］. 北京：中央文献出版社，2001.

[147] 吴晶晶. 我国积极推动科普与科技发展“两翼齐飞”［N］. 新华社北京 2008-10-3 电.

[148] 张成岗. 现代技术问题研究—技术，现代性与人类未来［M］. 北京：清华大学出版社，2005.

[149] 郭星华. 当代中国互构中的社会失范与社会矛盾［J］. 探索与争鸣，2007（6）.

[150] 郑杭生. 当前我国社会矛盾的新特点及其正确处理［J］. 理论前沿，2006（4）.

[151] 马来平. 科学技术哲学视野中的科普［J］. 山东大学学报（哲社版），2001（4）.

[152] 翟杰全. 科技传播事业建设与发展机制研究［J］. 科学学研究，2002（2）.

[153] 朱学楠，等. 试析科普对社会进步的巨大作用［J］. 科技与教育，2002（2）.

[154] 刘雾堂. 从传播学角度看现代科普与传播科普的区别［J］. 学会月刊，2002（8）.

[155] 李成芳．我国科普工作存在问题的原因分析及对策研究[D]．武汉科技大学硕士学位论文，2003.

[156] 丁霞．我国科学技术普及实施的路径研究[D]．武汉理工大学硕士学位论文，2009.

[157] 刘文军．科学普及对青少年创新能力培养的影响及对策思考[D]．郑州大学硕士学位论文，2005.

[158] 河北省科技厅课题组．大众传媒对科普的促进性和制约性[J]．科技风，2008（21）.

[159] 李冬梅．大众媒体不能"科普失语"[C]．中国科技新闻学会第九次学术年会论文集，2007.

[160] 高峡．以科学思想、科学精神统领科学素质建设[J]．科普研究，2007（3）.

[161] 刘宇雄．从非诚勿扰"物理男"看我们的科普缺什么？[N]．广东科技报，2011-7-25.

[162] 胡颖峰：吉登斯现代性思想研究[M]．北京：中央编译出版社，2011.

[163] 朱冬青，谢晓非．危机情景中影响科学普及效果的因素分析：心理学视角[J]．科普研究，2010（6）.

[164] 赵立新，佟贺丰．国际科普形势与发展[M]．北京：科学技术文献出版社，2007.

[165] 朱效民．30年来的中国科普政策与科普研究[J]．中国科技论坛，2008（12）.

[166] 高鸿业．西方经济学：微观部分（第四版）[M]．北京：中国人民大学出版社，2007.

[167] 陆益龙．嵌入性政治对村落经济绩效的影响——小岗村的个案研究［J］．中国人民大学学报，2006（5）．

[168] 刘华杰．科学传播的三种模型与三个阶段［J］．科普研究，2009（2）．

[169] 中国公众科学素养调查课题组．中国公众科学素养调查报告［M］．北京：科学普及出版社，2003．

[170] 中国现代化战略研究课题组．中国现代化发展报告［M］．北京：北京大学出版社，2006．

[171] 谢莉娇．“公共事件科普”的提出及其形成机理分析［J］．科普研究，2010（1）．

[172] 陈正洪．“诈科学”对科学普及的危害［J］．科普研究，2008（5）．

[173] 张立强．“张悟本事件”反思［J］．视点，2010（8）．

[174] 张路等．7级强震备震过程的科普宣传及其减灾意义［J］．灾害学，2008（9）．

[175] 董阳．Web2.0时代的维基网络科普新模式——以互动百科为例［J］．科普研究，2011（2）．

[176] 刘兵，侯强：国内科学传播研究：理论与问题［J］．自然辩证法研究，2004（5）．

[177] 刘秀花．从2008年南方冰雪看气象科普的重要性［C］．吉林省第五届科学技术学术年会，2009．

[178] 任福君．从《股份农民》看科普方式的创新［J］．科普研究，2010（1）．

[179] 张玉堂. 利益论——关于利益冲突与协调问题的研究 [M]. 武汉：武汉大学出版社，2001.

[180] 徐玲. 标签理论及其对教育“问题青少年”的启示 [J]. 社会，2000 (10).

[181] 王云五. 云五社会科学大辞典·社会学第一册 [Z]. 台北：台湾商务印书馆股份有限公司，1973.

[182] 李少春. 社会学的历史发展 [M]. 北京：中央编译出版社，2003.

[183] 杨善华. 当代西方社会学理论 [M]. 北京：北京大学出版社，1999.

[184] 昌晓红. 从“伪养生”现象看科学传播与医学科普 [J]. 科普研究，2011 (2).

[185] 科技部等六部委，关于科研机构和大学向社会开放开展科普活动的若干意见 [DL]. http//www.most.gov.cn/ztzl/gjzctx/ptzcjykp/200802/t20080225_59251.htm. 2007-01-12/2009-01-15.

[186] 京城最贵“中医”张悟本 300 元的号 2012 年才能见到他 [DL]. http：//www.sc.xinhuanet.com/content/2010-05/25/content_19878882.htm.

[187] 动车不等于高铁，兴师问罪请看清对象 [DL]. http：//news.sohu.com/s2011/dianji-717/.

[188] “华南虎”照片疑云 [DL]. http：//society.people.com.cn/GB/8217/6601832.html.

[189] 重庆籍民工致信铁道部 信中直言网购车票太折磨 [DL]. http：//news. sohu. com/20120105/n331194623. shtml.

[190] 王秀宁 . 作为一种安全保障的“碘盐”，中国选举与治理网 [DL]. 2011-3-22，http：//www. chinaelections. org/newsinfo. asp？ newsid=202679.

附录　问卷设计

（1）您平时获取科普知识的渠道主要有哪些？（可多选）________

A. 科普讲座　B. 热点事件　C. 看科普书籍　D. 参观展览

E. 向专业人员咨询　F. 和亲友、同事谈话

（2）本题包括以下 3 小题：

① 您对以上渠道所传播的科普知识是否满意？________

A. 是　B. 否

② 如果满意，您认为原因有以下哪些？

A. 科普知识传播范围广，内容丰富

B. 科学知识素材多样，具有吸引力

C. 通过上述渠道获得正确的科学知识

D. 其他

③ 如果不满意，您认为原因有以下哪些？________

A. 科普知识传播范围窄，内容少

B. 科学知识素材陈旧，让人们缺乏兴趣

C. 媒体传播错误的科学知识，例如张悟本等“大师”的出现，使人们对其缺乏信心

D. 其他

（3）通过热点事件，您对您所感兴趣的科学知识的了解是否有

显著提高？________

A. 是　B. 否

（4）本题包括以下3小题：

① 2011“抢盐”事件之前，您清楚碘不能防止核辐射吗？________

A. 清楚　B. 不清楚

② 您是否参加了“抢盐”风潮？________

A. 是　B. 否

③ 如果您参加了“抢盐”风潮，请继续回答本题

当媒体报道碘不能防止核辐射后，您是否停止了囤积食盐？________

A. 是　B. 否

（5）本题包括以下2小题：

① 日本发生核辐射泄漏后，您是否有意识地回避食用海盐？________

A. 是　B. 否

② 当相关部门澄清海鲜受核污染的传言后，您是否更安心地食用海盐？________

A. 是　B. 否

（6）本题包括以下2小题：

① 湖南卫视热播“张悟本养生食疗”，您是否相信其中的一些方法？________

A. 是　B. 否

② 卫生部首次否认了张悟本“卫生部首批高级营养专家”的身份后，您是否不再相信那些方法？________

A. 是　B. 否